Olga Menéndez

LAZOS DE AMOR ETERNOS

La fuerza del vínculo entre almas

EDICIONES OBELISCO

Si este libro le ha interesado y desea que le mantengamos informado de
nuestras publicaciones, escríbanos indicándonos qué temas son de su interés
(Astrología, Autoayuda, Ciencias Ocultas, Artes Marciales, Libros Infantiles,
Naturismo, Espiritualidad, Tradición), y gustosamente le complaceremos.

Puede consultar nuestro catálogo en www.edicionesobelisco.com

Colección Psicología
LAZOS DE AMOR ETERNOS
Olga Menéndez

1.ª edición: febrero de 2012
2.ª edición: agosto de 2012

Maquetación: *Marga Benavides*
Corrección: *M.ª Ángeles Olivera*
Diseño de cubierta: *Enrique Iborra*

Edita: Ediciones Obelisco, S. L.
Pere IV, 78 (Edif. Pedro IV), 3ª planta, 5ª puerta
08005 Barcelona - España Tel. (93) 309 85 25 - Fax (93) 309 85 23
E-mail: info@edicionesobelisco.com
Paracas, 59 CI275AFA Buenos Aires - Argentina
Tel. (541 - 14) 305 06 33 Fax (541 - 14) 305 78 20

ISBN: 978-84-9777-806-0
Depósito Legal: B-117-2012

Printed in Spain

Impreso en España en los talleres gráficos
de Romanyà/Valls, S. A., de Capellades (Barcelona)

A Shiva, por su eterna danza

A Juli Peradejordi por seguir confiando en mí.

A Carlota Gedovius por el prólogo y su trabajo de redacción.

A Claudio Peruggia por nuestras interminables conversaciones y brillantes ideas.

A mis maestros y guías por acompañarme en esta aventura.

PRÓLOGO

En mayo de 2008, mientras estaba en París disfrutando de las maravillas del Museo del Louvre, llegué a la sala en donde exponen el Imperio Antiguo de Egipto.

Ahí, tras un grueso vidrio gracias al cual puede ser visto por todos lados, se encuentra el *Escriba sentado* del Louvre, una obra escultórica magistral. Se trata de un hombre, semidesnudo, en posición sedente, con las piernas cruzadas, sobre las que reposa un papiro desplegado.

Yo me quedé viendo la escultura durante mucho tiempo, y de una manera poco usual, permanecí frente a ella, hipnotizada.

Tal vez, y no lo supe hasta que se lo comenté a Olga, me impresioné por el hecho de que su mirada milenaria interactuaba con la mía, brindándome datos etéreos de cosas que, incomprensiblemente, teníamos en común. Los vivos ojos del escriba parecían proyectase más allá de la piedra en la que fue esculpido hace miles de años, compartiendo sus secretos conmigo.

Al observarlo con más detenimiento, de pronto me vi a mí misma, sumergiéndome en el fondo de sus ojos, tratando de develar un misterio, como si pudiera leer en ellos un pasado compartido, como si con en el brillo de su iris pudiera ver reflejado un mundo remoto y perdido en la distancia de los tiempos.

Súbitamente, sabía todo de él: su profesión, sus retos, su misión; podría haber asegurado que fuimos almas gemelas.

Aquella experiencia ante el *Escriba* del Museo del Louvre se corresponde a la época en que ayudaba a Olga Menéndez en la escritura de su segundo libro: *Kikimora, historia de una reencarnación*, el cual contiene revelaciones de un tema por demás excitante: la reencarnación.

Cuando regresé de París, y tuve la siguiente cita con Olga, no tuve más que decirle:

—Olga. No sabes cómo me impresionó el *Escriba* del Louvre.

Ella, con esa sonrisa tan suya, segura, con dejos de una delineada expresión burlona que, para los que la conocemos, es un signo de aceptación de un logro, sólo pronunció una frase.

—Ya ves. Ahora, ya sabes lo que fuiste en una vida anterior.

Y la oración por sí sola, habría cerrado y sellado un proceso de dudas endosadas, escepticismo e insondables cuestionamientos por mi parte.

Comprobé en mis propias carnes lo que Olga trataba de compartir con el mundo acerca de la inmortalidad, de los lazos que nos unen con nuestras vidas pasadas, del karma, y de que somos un grupo interminable de almas que vivimos experiencias en esta dimensión una y otra vez.

La persistencia de Olga y los deseos inconmensurables por transmitir conceptos poco comunes pero que, de cierta manera, pueden ayudar a comprender nuestro paso por la Tierra han hecho que cobren vida sus libros, cuyo contenido entrelaza la contundencia en la revelación de verdades y la aceptación de las reminiscencias de nuestras vidas pasadas.

En este libro, *Lazos de amor eternos*, se une lo aprendido en los dos que lo preceden, pero con un toque especial, pues trata del tema por el que quizás los seres humanos disfrutamos, sufrimos y nos desenvolvemos en el cosmos: los lazos de amor.

Y la revelación aquí trasciende la curiosidad de adentrarse en lo inconcebible, pues nos ofrece un proceso de introspección al conocer no sólo cómo y quiénes son las almas que nos rodean sino que también nos permite descubrir cuántas veces y de qué manera hemos vivido cerca de ellas en vidas anteriores.

El alma, esa que recuerda, esa que repite experiencias de vida, esa que reencarna, se une a otras muchas, a aquellas que conocimos en otros tiempos por lazos de amor.

Este libro nos explica la forma en que nos relacionamos tanto dentro de nuestro núcleo familiar como en pareja, pero también en amistades o hermandades que parecen imperecederas. Olga, al basarse en sus experiencias de reencarnaciones pasadas y en el cúmulo de conocimiento que guarda del tema, nos revela por qué nos relacionamos con una mala pareja, o cómo reconocer y respetar el lazo tan fuerte de amor que nos llega a unir con un amigo.

Una vez que yo, como individuo, al estar cerca de Olga fui descubriendo la identidad de mis vidas pasadas, así como los lazos kármicos que debí romper anteriormente, después, con este texto, sin duda diferente, tuve la oportunidad de calzar muchos puntos con respecto a los lazos de amor que me unen, me han juntado, o han sido los responsables de relaciones, buenas o desastrosas, tanto en los negocios como en mi vida privada.

Las relaciones con las personas no son sino la muestra de un lazo y un contrato pendiente que firmamos con anterioridad. Nunca es demasiado tarde para reconocer la familia de almas a la que pertenecemos. Y es de gran valor saber cuál fue la correspondencia que nos ensambló y que nos hizo repetir el encuentro.

Olga Menéndez, no me cabe la menor duda, con *Lazos de amor eternos*, hará que las personas poco abiertas a los temas difíciles, escépticas, o alejadas de los temas mal llamados metafísicos caigan rendidas ante la fascinación de su hipótesis.

Estoy segura de que todos ustedes disfrutarán del gran sabor que deja imaginarse que ésta no es, ni será, nuestra primera vida. Y que no es la primera vez que encontramos a nuestro amigo, tía, esposo o jefe.

Reconoceremos a las personas que, por alguna razón que no sabíamos hasta entonces, son parte de nuestra familia de almas cósmicas. Conoceremos el rostro de nuestra alma gemela, sabremos hacer mejores negocios si descubrimos a un alma compañera, sabremos alejarnos de aquella persona que nos llama tanto la atención, pero, por las razones equivocadas si vemos a un alma espejo, agradeceremos una y mil veces estar con un alma familiar, nos dejaremos guiar por un alma divina o mantendremos la esperanza de tropezar con nuestra alma flama o alcanzar la gloria con un alma consorte.

Por último, puedo afirmar que algunas almas como Olga y yo, que, como compañeras, han terminado la tarea exitosa de sacar este libro, tan trabajado y adorado, han cumplido su misión.

Las almas se vuelven a encontrar, vida tras vida, y hoy puedo ver a mis grupos de almas con la seguridad de que esto no es el fin de todo.

Sé, por Olga, que las almas importantes estarán rodeándome, hoy y siempre, si no en esta vida, en otra.

CARLOTA GEDOVIUS

NOTA DEL AUTOR

En mi libro *Rompiendo lazos*, hablo de nuestra familia de almas aunque de manera muy resumida.

Decidí cambiar el nombre que utilicé en aquella ocasión a cada tipo de alma porque se prestaba a confusiones, por supuesto sin cambiar el contenido.

El objetivo de mis aportaciones es tener un mayor entendimiento de nuestro papel y el de los seres que nos rodean en esta gran familia de almas a la cual pertenecemos.

INTRODUCCIÓN

Éste es un tiempo de gran cambio.
El cambio es simplemente la danza de Shiva.

BABAJI

Al principio de los tiempos, millones de almas, monadas o chispas de luz se disiparon por el Universo, saliendo del gran sol central o padre-madre dios.

Todas estas almas estaban hechas a imagen y semejanza de Dios. En cada monada había la totalidad del creador, como si en una gota del océano estuviera contenido TODO el océano.

A esto se le llama holograma o fractal.

Con los adelantos de la ciencia, se ha descubierto que la información que contiene nuestro ADN somos nosotros en su totalidad. Lo que llamamos Dios, gran sol central o el creador es el gran espíritu que une todas las cosas.

Cada monada o alma que se desprendió del creador contenía dos géneros: masculino y femenino. Esto se hizo para establecer un balance donde ninguno dominara.

Todo el Universo está enlazado dentro de un movimiento y una actividad sin fin. Una constante danza cósmica de energía. La vida es un interminable proceso de creación, preservación y destrucción, muerte y reencarnación; es lo mismo dentro de cada átomo del Universo.

Por esto mismo, los hinduistas llaman *maya* a esta realidad, porque es una ilusión siempre cambiante que sufre el que se aferra a ella, ya que el cambio constante es la ley del Universo.

Shiva Nataraja es el señor de la danza cósmica, que crea y destruye en el flujo de la danza. La danza de Shiva simboliza el eterno ritmo de vida y muerte. Shiva es el principio oscuro que destruye la sombra en todos nosotros, el purificador. El gran danzante de energía que es la misma naturaleza del Universo, el constante flujo de energía que forma una infinita variedad de formas que se funden unas con otras y, finalmente, todas son uno.

La danza de Shiva es, pues, el perfecto balance que hay entre la vida y la muerte, el espacio y el tiempo, la evolución y la disolución.

Como diría A. K. Coomaraswamy: «En la noche de Brahmán, la naturaleza está inerte y no puede danzar hasta que Shiva lo desee: él sale de su éxtasis y, danzando, envía, a través de la materia inerte, ondas pulsantes de sonido despertador, y la materia también comienza a danzar, apareciendo como un círculo de gloria a su alrededor. Con su danza sostiene sus múltiples fenómenos. Cuando el tiempo se completa, todavía danzando, destruye todas las formas y nombres mediante el fuego y confiere un nuevo descanso. Esto es poesía, pero no por ello deja de ser ciencia».

Según Fritjof Capra, «La física moderna ha revelado que, toda partícula subatómica no sólo realiza una danza de energía, sino que al mismo tiempo es en sí misma una danza de energía, un proceso pulsante de creación y destrucción».

De esta gran danza cósmica es de donde salimos todos nosotros como almas.

Lo que consideramos muerte es sólo un descanso para volver a empezar; el cuerpo está hecho de los cuatro elementos y retornará a ellos, pero el alma es permanente. Es así como muchas de estas almas decidieron bajar al planeta Tierra y empezar las primeras civilizaciones. Otras decidieron irse a otras galaxias, y muchas más se quedaron en estado divino o energía.

El propósito de bajar a este planeta y tomar un vehículo de expresión o cuerpo era para servir al creador y experimentar.

Las primeras civilizaciones tenían un cuerpo muy sutil, casi compuesto exclusivamente de energía.

Comenzamos a cocrear, ya que Dios nos entregó el más grande de los regalos: el libre albedrío y usándolo nos fue fascinando el plano físico. Poco a poco, nuestro cuerpo se fue haciendo más denso, un proceso que precisó mucho tiempo hasta que llegamos a Lemuria, donde ya poseíamos un cuerpo físico al ser andróginos.

En varias civilizaciones de la humanidad aparece la leyenda de que éramos andróginos.

En la Biblia se cuenta que la creación de Eva tuvo lugar a partir de la costilla de Adán.

En China, Lao Tse decía: «El intelecto de Tao engendró uno. Uno se volvió dos, dos procrearon tres y tres engendraron a todos los seres mortales».

En Grecia, Platón hablaba de los andróginos creados originalmente combinando al hombre y la mujer en un solo cuerpo y con cuatro brazos.

Shiva, uno de los dioses más importantes del hinduismo, es totalmente andrógino con dos pares de brazos.

Unas tablillas que se encontraron en México, llamadas tablillas de Niven, dicen: «El creador hizo uno, éste se tornó en dos, los dos produjeron tres y de los tres de derivó la humanidad».

En Egipto, también se creía que el primer hombre fue creado con el principio dual.

Posteriormente se inició el proceso de la separación en la Atlántida y fue un momento sumamente doloroso; tanto, que lo tenemos grabado a nivel celular. La separación era necesaria para experimentar la dualidad.

Primero tenemos que lograr el balance femenino y masculino en nosotros mismos y, finalmente, el completo balance con nuestra alma consorte, ya que uno es la extensión del otro.

Existen dos tipos de energía: masculina y femenina (Shiva y Shakti), y, juntas, representan la energía primordial: andrógina. Al principio era una sola pero se dividió voluntariamente para dar lugar a los principios ying y yang.

Hay que reunificar estas dos polaridades para recuperar el estado original y lograr el matrimonio entre Shiva y Shakti.

Hay infinidad de familias de almas que se mueven a través de la creación, y todas ellas tienen una polaridad positiva o negativa.

Nos movemos a través del tiempo y el espacio de esta dimensión como un equipo de seres de luz o familia de almas.

Estamos viviendo tiempos especiales y benditos, pero no por eso dejan de ser intensos, ya que en ellos empezará un proceso de reunión a escala masiva con nuestras almas más cercanas, nuestra verdadera familia de almas.

Hoy en día tenemos billones de almas encarnadas en la Tierra y es muy probable que algunas importantes estén aquí. Necesitamos trabajar en nuestro interior para estar lúcidos y poderlas reconocer.

Hemos esperado este momento durante eones.

Capítulo 1

Almas compañeras

Nuestra familia de almas

Cuando las religiones nos dicen que fuimos creados a imagen y semejanza de Dios, se refieren a que somos parte de esa gran fuente energética que es el creador. En una célula de nuestro cuerpo está contenido todo el Universo. Somos chispas de luz con una parte masculina y otra femenina: ying y yang, o positiva y negativa. Somos almas eternas que nos reencarnamos en diferentes cuerpos, ya sea en hombres o mujeres, para perfeccionarnos en diferentes épocas, lugares y circunstancias.

Todos los que nos hemos encarnado en un cuerpo humano decidimos bajar nuestras frecuencias vibratorias hasta llegar a esta dimensión. Tal vez por eso mismo muchas escuelas esotéricas se atreven a decir que se produjo una caída de consciencia. Para experimentar todo lo que se vive en el planeta Tierra, es necesario tener un cuerpo físico. La caída de consciencia se dio cuando nos separaron en hombre y mujer.

Pero no estamos solos; en realidad nunca lo hemos estado, aunque en nuestros momentos oscuros y de dolor así lo sintamos. Nos movemos por el Universo como en un equipo de seres de luz con nuestra familia de almas, puesto que cada uno de nosotros tenemos nuestra propia familia, que está compuesta de 144 almas.

Cada número tiene una frecuencia vibratoria y un significado. Se dice que este número posee una de las frecuencias más altas, y significa la perfección de la manifestación. Los rosacruces piensan que en el Universo hay 144 tipos de átomos diferentes que aún no han sido descubiertos por la ciencia.

La técnica del kriya yoga está basada en 144 *kriyas* o respiraciones. En cuanto a los chakras, cuando sumamos el número de pétalos de los cinco chakras inferiores obtenemos 48 pétalos. Si añadimos 96 pétalos del tercer ojo, obtenemos 144. Es un símbolo perfecto que expresa trabajo espiritual, y matrimonio entre el alma y la personalidad.

Usando una tabla con las correspondencias A=1, B=2... Z=26, André Bouguenec encontró que en francés *le verb fait chair* «el verbo hecho carne» es igual a 144. *Loi divine* «luz divina» es igual a 144. *La sainte face de Dieu* «el santo rostro de Dios» es igual a 144.

La creación es una mezcla de energías en diferentes niveles, es decir, estas almas con las que nos reencarnamos vienen a apoyar nuestra evolución. Venimos para vivir una muy extensa gama de experiencias, para ganar consciencia y claridad.

Cuando las almas están en otro nivel antes de encarnarse, bajar a la Tierra es, para ellas, como un juego o una obra de teatro, donde cada uno cumple el papel que le corresponde para dar un paso hacia delante.

Dentro de nuestra familia de 144 almas se encuentran las que llamamos almas compañeras. Éstas son parte de un grupo que por su trabajo están conectadas en la tierra. Son una conexión o unidad de servidores. Generalmente no son almas con las que podamos compartir una relación romántica.

Puede que algunas de estas almas estén encarnadas aquí en la Tierra con nosotros, aunque también pueden estar en otras galaxias cumpliendo su trabajo, pues éste no es el único planeta en el que nos encarnamos. Aunque sí es uno de los favoritos debido al gran número de experiencias que podemos vivir en ella. La Tierra equivale a una universidad de mucho prestigio donde venimos a aprender. Son muchas y variadas las razones por las que nos encarnamos cerca de nuestras almas compañeras.

La conexión con este tipo de seres continuará hasta que completemos nuestro ciclo de encarnaciones y pasemos a otra vibración mayor. Cada uno se moverá en la frecuencia que le corresponda, es decir, de acuerdo con su trabajo personal. Sin embargo, este tipo de almas se van levantando energéticamente, es como si se fueran animando unas a otras. Y es muy probable que vivan experiencias muy similares.

Se les llama almas compañeras porque se van acompañando en el camino, al mismo tiempo que van trabajando juntas y tienen una vibración parecida.

Ejemplos de almas compañeras

Jessica se encontraba muy mal de salud y los doctores no le daban un diagnostico acertado. En general, no habían podido hallar la causa de su mal. Después de un largo peregrinaje y muchos análisis determinaron que tenía leucemia.

Aunque no era vegetariana, siempre se había sentido atraída por las terapias naturales, así que, al conocer su mal, decidió investigar qué doctor en este ramo podía brindarle un tratamiento alternativo.

Fue así como conoció al doctor Alberto, un naturópata que tenía muy buenas credenciales y que vivía en una ciudad a pocas horas de distancia de donde residía Jessica.

En cuanto se vieron hubo cierta química que los atrajo.

Para la tranquilidad de Jessica, Alberto llegó a la conclusión de que no era leucemia lo que ella padecía. Según parece, semanas antes le habían quitado unas amalgamas de su dentadura y eso la había envenenado con mercurio.

Era necesario desintoxicarla de metales pesados para que volviera a recuperar su salud.

Por esta razón, Jessica decidió mudarse a la ciudad donde residía Alberto. Esto no implicaba ningún problema profesional, ya que ella era terapeuta y podía realizar su trabajo en cualquier lugar.

Mientras esto sucedía, Jessica y Alberto comenzaron a salir para conocerse mejor y, a los pocos meses, Alberto le pidió a Jessica que se casara con él.

Se casaron y compartieron conocimientos y experiencias: lo que más les gustaba era hacer experimentos dentro de sus respectivas áreas para así llegar a conclusiones interesantes.

Con el tiempo, decidieron mudarse a la ciudad donde antes vivía Jessica, pues era más grande y existían mejores oportunidades de trabajo.

En ese nuevo lugar de residencia, Jessica promovió a Alberto, ya que allí nadie lo conocía; incluso consiguió que participara en un programa de radio, lo que le permitió difundir la labor de Alberto, ahora su esposo.

Transcurridos un par de años, la relación de pareja se deterioró; tuvieron problemas y decidieron divorciarse en muy buenos términos. Para ese entonces, Alberto era mucho más conocido profesionalmente que Jessica.

La relación permitió que los dos protagonistas pudieran avanzar mucho en sus respectivas áreas. Jessica escribía artículos para una revista y Alberto la apoyaba con sus pacientes; de esta manera ella también comenzó a tener mucho éxito.

A este tipo de relación se le llama almas compañeras. En este caso específico, existió una relación romántica pero realmente no era ésta la causa de que estas dos almas se encontraran. Estaba muy claro que lo que tenían que hacer era ayudarse mutuamente en sus profesiones.

El hecho de que se hubieran unido como pareja pudo deberse a cosas no resueltas en vidas anteriores; sin embargo, se resolvieron positivamente y avanzaron cumpliendo lo que en realidad debían hacer: beneficiarse del conocimiento y la experiencia y apoyarse para que cada uno lograra su cometido de manera armoniosa.

Nicanor y Romelia

Romelia vivía en la sierra, y desde niña había aprendido el herbolario y el arte de curar de su abuela, una india yaquí. Con el tiempo, su percepción se fue abriendo cada vez más hasta el punto de que se convirtió en clarividente.

Nicanor era su amigo desde la adolescencia. Después de años de amistad, Romelia siempre bromeaba diciendo que llevaban varias vidas unidos.

Era como si hubieran hecho un contrato de almas para trabajar juntos, pues Nicanor era una pieza clave para la labor de curandera de Romelia. Nicanor siempre estaba buscando a las personas idóneas para que pudieran apoyarla en su trabajo, como si le abriera puertas, y todo parecía caído del cielo, pues las cosas fluían hasta lograr sus objetivos.

Gracias a Nicanor, quien finalmente de adulto aceptó tener preferencias homosexuales, la fama de Romelia se había extendido más allá de la sierra. Ahora solicitaban sus servicios en varias comunidades.

Desde la primera vez que se vieron Nicanor y Romelia un domingo de mercado en un poblado cercano a la sierra, se produjo un reconocimiento de almas; mas no una atracción física. Tiempo después, Nicanor sería una pieza importante en el rompecabezas de la vida de Romelia.

Durante las vidas pasadas compartidas que recordaba Romelia, siempre vivieron relaciones importantes ayudándose uno a otro.

Aquí está muy claro ver a dos almas compañeras en acción. No hay ninguna relación amorosa, simplemente Nicanor ayuda incondicionalmente a Romelia porque éste es el propósito de este tipo de almas: ayudarse en su trabajo en la Tierra.

Subgrupos de almas

Una clave importante para entender la formación de grupos o familias es que dentro de ellos hay subgrupos. Estos subgrupos están formados por almas unidas por eventos que han bloqueado su desarrollo; cada miembro del grupo contribuye con sus mejores atributos para que todos avancen en la familia.

En el caso de un grupo de personas que son almas compañeras y están viviendo una guerra, esto se debe a que traen un karma pasado que no han resuelto, ya sea por violencia, por ira o por venganza. Es decir, dentro de tu familia de 144 habrá algunas, no necesariamente todas, que vivieron una experiencia traumática en vidas pasadas, quizás una guerra, y se vuelven a reunir en un subgrupo, por resonancia, para resolver lo que no les deja avanzar. Si alguno de ellos decide hacer un pacto de paz, esto va a beneficiar enormemente a las otras almas compañeras del grupo.

La gran mayoría de los seres humanos no sabe por qué se han encarnado en este planeta, debido a que tres cuartas partes de ellos están en etapas muy primitivas de desarrollo. Algunos más arriesgados, como el doctor David R. Hawkins sugiere que el 85 % de la humanidad está en ese estado.

Por tanto, con que menos desarrolladas estén las almas, más se moverán y aprenderán en grupo. Las desarrolladas son más independientes y reducen su número de encarnaciones.

Sin embargo, a algunos humanos les intriga de sobremanera la misión que tienen en su actual encarnación. No todos los seres traen grandes misiones o simplemente no traen ninguna.

La mayoría está en un estado de evolución primitivo, por lo que su gran prioridad es resolver eventos o emociones que los tienen estancados. Si se pudieran observar a través de las líneas del tiempo y la reencarnación, se darían cuenta de que siguen repitiendo, una y otra vez, los mismos patrones.

Por otro lado, también es falso asegurar que sólo se viene a aprender o resolver una situación o emoción, ya que la vida está llena de una enorme gama de experiencias y, por muy poco que dure la vida en un cuerpo físico, tendrá una inmensa cantidad de circunstancias por conocer.

Cómo reconocer a un alma compañera

Tal vez no sea fácil identificar a las almas compañeras que forman parte de tu familia. Se puede dar el caso de un

matrimonio que se hayan unido para hacer dinero o hacerse cargo de una empresa familiar; hay parejas que se unen
solamente con este fin, a pesar de que este tipo de almas
por lo general no está unida a una relación romántica.

Otro ejemplo de almas compañeras es cuando se trabaja
en equipo apoyando a alguna persona, se termina el pro-
yecto, y no se vuelven a ver nunca. Por ejemplo, los misio-
neros que van a algún país o lugar donde los necesiten;
entre ellos, son almas compañeras, así como socios que forman grandes emporios y permanecen toda su vida juntos.

En el caso de Jesús de Nazareth es muy claro que 2 de
sus almas compañeras eran José de Arimatea y Lázaro,
pues ambos lo ayudaron con su misión e incluso le patroci-
naban con hospedaje, alimento y dinero, ya que ambos
pertenecían a familias pudientes.

Expuse varios casos en diferentes niveles de conciencia,
pues dependiendo de ella, así será la labor que desempeñen
las almas compañeras. Sin embargo, en cualquier nivel que
nos encontremos, las almas compañeras se levantan y apoyan energéticamente unos a otros, siempre.

Muchos de nosotros no sabemos quiénes son nuestras
almas compañeras. Conforme vayamos trabajando y avanzando despertaremos al conocimiento de quiénes son estas
almas. También es probable que, a veces, por aprendizaje
conectemos con algún alma de otra familia, que puede
hacer la función de alma compañera.

Así, puede ocurrir que al estar en un momento y un
lugar preciso, una persona, salida de la nada, nos ayude
para que logremos algo importante.

Esta unión va a durar hasta que terminemos nuestro
ciclo de reencarnaciones en este plano o dimensión, y en
cuanto a los subgrupos, una vez que resolvemos la situación que nos unió, nos moveremos en una frecuencia de
energía más alta.

PAREJAS FAMOSAS

Pierre Curie y Marie Sklodowska

Marie fue la primera mujer en Francia en obtener la licenciatura en física y matemáticas.

Se conocieron en 1894 y compartieron su pasión por la ciencia. Se casaron un año después y tuvieron un matrimonio armonioso con dos hijas a pesar de su situación económica precaria. Pero cuatro años después mejoró gracias a que descubrieron el polonio y el radio mientras trabajaban en equipo.

En 1903 recibieron juntos el premio Novel de Física por sus trabajos en la radioactividad.

Pasaron tres años y Pierre murió, dejándola viuda.

Tiempo después obtuvo por segunda vez el Nobel por descubrir el radio.

Aquí queda muy claro que el propósito principal para la unión de estas dos almas fue que llevaran a cabo sus grandes descubrimientos científicos para beneficio de la humanidad. Ellos dos fueron almas compañeras, y en cuanto se cumplió su misión, Pierre murió para que ella encontrara otra alma con la cual tenía que compartir una vida de pareja.

Dalí y Gala

Gala era diez años mayor que Dalí y se conocieron cuando ella estaba casada con Paul Elouard. Existían rumores de que Dalí y García Lorca habían sido amantes.

A través de la relación, Gala le dio estructura. Contribuyó a moldear su estilo único y le sirvió de musa a Dalí.

Durante diez años, Dalí compartió su vida con Amanda Lear y Gala buscaba amantes más jóvenes. Se llamaban por teléfono cada día; además, Dalí tenía que pedir cita a Gala para que lo recibiera en su castillo.

Cuando Gala murió en 1982, Dalí se quedó postrado hasta el día de su muerte.

En este caso de almas compañeras, Gala es una pieza muy importante para el trabajo de Dalí. Es probable que si Gala no lo hubiera acompañado, Dalí se hubiera perdido en su esquizofrenia sin tener estabilidad en su trabajo de creación. Gala fue el soporte para que se convirtiera en realidad.

Capítulo 2

Alma espejo

El reflejo de ti mismo

Este tipo de almas son las que nos vienen a reflejar alguna parte negativa o positiva de nosotros mismos; es como si nos mirásemos en un espejo.

Te puedes encontrar las almas espejo en la calle y tal vez no volverlas a ver nunca, aunque también pueden convertirse en alguien muy cercano a nosotros.

Generalmente, nos vienen a enseñar algún defecto o carencia de nosotros mismos porque, por desgracia, muchas veces necesitamos vivir dramas para tocar fondo y evolucionar.

Sin embargo, en ocasiones especiales, uno es bendecido por encontrar a este tipo de almas que vienen a reflejar la belleza que hay en nosotros. A todos nos ha pasado que vamos caminando por la calle o estamos en el supermercado y, de repente, nuestra mirada se cruza con otra persona y sentimos una extraña familiaridad o el impulso de conocerle más a fondo.

En ese instante, los ojos se comunican un mensaje del cual tal vez ninguno de los 2 sea consciente. Entonces, inmediatamente, entrará la mente racional, un sonido o persona, y se romperá este momento mágico, y cada uno seguirá su camino.

En realidad, lo que pasa en esta experiencia es que encontramos en otros, las piezas que nos hacen falta o que no somos conscientes de ellas. Sentimos una fuerte e irresistible atracción hacia esa persona, que es un «alma espejo» y nos está reflejando algo bello de nosotros.

La experiencia anterior es la explicación de por qué los matrimonios con estas personas muchas veces no duran mucho. La mayoría de los humanos nos cansamos de este tipo de almas, ya que entran y salen de nuestras vidas, aunque también se pueden quedar durante un largo tiempo para completar lecciones de ambos.

Cuando se asimila un aprendizaje, la gente cambia y sigue avanzando. Pero, en pareja, generalmente esto no ocurre al mismo tiempo, y debido a eso sus miembros se separan y siguen su camino de manera individual.

El mundo nos muestra lo que hemos creado a partir de nuestras creencias y, por otro lado, a través de las relaciones con otras personas; nos enseñan nuestras alegrías o nuestros miedos más profundos.

«El reino está dentro de ti, y fuera de ti, no hay nada escondido que no se manifieste.»
Jesús de Nazareth

NAG HAMMADI LIBRARG

El hecho de que haya tantas almas encarnadas significa la urgencia de evolucionar. Desgraciadamente, no es demasiado común la rápida aceleración en el desarrollo espiritual.

Las almas menos desarrolladas se rinden y se entregan a los aspectos banales de la sociedad humana, a la estructura socioeconómica. Estas almas no tienen un pensamiento independiente. Están centradas en sí mismas y no aceptan a los demás por lo que realmente son.

Tres cuartas partes de las almas que se encuentran encarnadas están en estados muy primitivos de evolución. La mayoría de ellas se podría decir que son jóvenes, aun cuando se han reencarnado un gran número de veces y, sin embargo, siguen en la inmadurez. No es un requisito que las almas sean muy viejas para que sean avanzadas.

Al no resolver los aspectos negativos de nosotros mismos y de nuestro entorno, los volvemos a atraer vida tras vida, en forma de espejo aunque también se le podría denominar karma.

Por eso mismo, debido al karma, estamos unidos a la gran mayoría de almas que encontramos a nuestro paso y tenemos que resolver asuntos pendientes para movernos a niveles más altos del ser.

No obstante, los cambios en vibraciones y aprendizaje son lentos. Es el lenguaje de las emociones el que habla a las fuerzas cuánticas del Universo. Por tanto, con que menos resuelta esté el alma emocionalmente, más atada estará a su karma.

Muchas veces nuestros padres han sido nuestros verdugos o asesinos en otras vidas y, por la ley cósmica, el que nos quita la vida nos la tiene que dar. Aunque hay excepciones a la regla, como siempre.

Las almas espejo nos están confrontando continuamente para poder resolver. Muchas nos encontramos en una encarnación y nos encontramos para poder evolucionar.

Es importante hablar también de los lazos de amor para tomar conciencia de que somos creadores de cosas positivas y negativas. Al hablar de la familia de almas, nos damos cuenta de las diferentes relaciones en la cuales nos vamos involucrando a través de nuestras vidas y cómo todas ellas tienen un porqué.

Ya sea porque nos unen lazos que nos atan (karma) o lazos de amor, vamos atrayendo toda esta serie de experiencias, precisamente, para saldar nuestras deudas.

Generalmente atraemos a los famosos «espejos» que aparecen en situaciones que no hemos resuelto. Se nos presentan una y otra vez y, en lugar de tomarlos como un regalo, con fastidio, los rechazamos sin darnos cuenta de la oportunidad mágica que nos ofrece el Universo para saldar o perdonar nuestras deudas.

Hasta que no estemos suficientemente libres de todas estas cargas emocionales, nos será difícil atraer almas con las cuales seríamos muy felices.

Si las atrajéramos, tal vez pasarían desapercibidas por lo ocupados que estamos con nuestros conflictos.

En una vida, tenemos un intercambio energético con un gran número de seres humanos. A la mayoría se les llama almas espejo.

Cuando creamos karma con alguien, es decir, la ley de la causa y el efecto, (ojo por ojo, diente por diente), estamos atados energéticamente, muchas veces con emociones de bajas vibraciones: enojo, envidia, celos, etcétera.

Éstas son las almas espejo que vamos a atraer a nuestra vida diaria para resolver conflictos.

La abuela Clara

Catalina se quedó huérfana de madre cuando todavía era una niña. Por eso mismo, su familia decidió que fuera a vivir con su abuela Clara, que hacía muchos años que se había quedado viuda.

La abuela Clara era una mujer muy agradable, pero tenía un defecto: no simpatizaba con las mujeres, su relación con ellas siempre había sido de competencia y conflictiva.

En brazos de esta abuela fue a caer Catalina a sus escasos seis años. Desde pequeña siempre observaba detenidamente a su abuela y, para sí misma, pensaba: «Esta mujer debió haberme hecho algo muy gordo en una vida anterior, pues ahora me tiene que cuidar y educar».

Catalina siempre le pedía a Clara que la dejara esculcar uno de sus cajones del closet; ella, haciéndose rogar, se lo permitía si se portaba bien. Catalina se maravillaba con todo lo que encontraba: sedas traídas de China, medias de lana totalmente bordadas de Hungría, sombreros de la década de 1920, chales de pelo de cabra de Rusia, babuchas árabes... y de sus alhajas; a la abuela sólo le gustaban los diamantes, y los tenía de muy buena calidad y tamaño.

Todos estos detalles distraían mucho a Catalina, tal vez porque le recordaban a alguna vida pasada, pues le resultaban muy familiares. Sin embargo, en su cotidianidad, tenía una vida triste, pues no recibía el cariño que necesitaba, y en la escuela se daba cuenta de que la única que no tenía papá y mamá era ella.

Su abuela era dura y crítica, y muchas veces en son de burla se refería a ella como «la princesa».

Una vida pasada...

Jacques era un noble francés que vivía cerca de París años antes de la revolución. Era homosexual y llevaba una vida disipada, tal vez por culpabilidad o por cordura; cada semana mandaba con su sirviente, un par de luises de oro para un grupo de pordioseros que vivían cerca de su casa.

Su vida era infeliz y vacía y este acto de bondad le quitaba un poco la apatía, pues le aburría enormemente la vida en la corte. Por otro lado, la calle cada vez se encontraba más llena de gente pobre.

Entre estos pordioseros había un hombre maduro, con los dientes cariados y una mirada apagada por tanta miseria. Su nombre era Pierre, y estaba profundamente resentido con todos los nobles.

Siempre había soñado con ser rico, tener una casa grande y confortable, viajar y conocer muchos lugares y, por supuesto, alhajas y oro; mucho oro. Por eso mismo, cada vez que llegaba el sirviente de Jacques a darles las monedas de oro, que, por lo menos, le permitirían comer pan fresco, Pierre, siempre resentido, sentía que le ardía la sangre del enojo y lo tomaba como un insulto. Tiempo después tuvo lugar la revolución francesa; Jacques era un candidato ideal para ser encarcelado: era noble y rico.

En un espectáculo macabro, pusieron la guillotina en la Place de la Concorde. Cuando Jacques subió al estrado después de estar preso varios meses, asombrado, vio la plaza llena de una multitud maloliente y sucia que gritaba furiosa que le cortaran la cabeza. Entre la multitud, estaba ese grupo de pordioseros a los cuales Jacques les daba las monedas para comer. Pierre, aquel hombre maduro, era quien vociferaba con más aliento y rabia: «¡Qué le corten la cabeza!».

Vidas después, Pierre se reencarnaría en la abuela Clara y Jacques en Catalina. Por el hecho de haber pedido su muerte con tanta rabia, Pierre se unió kármicamente a Catalina en esta vida y se hizo cargo de ella como Clara, proporcionándole una buena educación, casa y sustento, aunque no de buena gana.

De esta manera le estaba retribuyendo lo que Jacques (Catalina) le había dado en aquella vida anterior. Por otro lado, la abuela Clara, en esta vida, había cumplido su deseo de ser rica, tener una casa, viajes y alhajas.

En el caso de Catalina y Clara, nos remontamos a una vida pasada para tener claridad de por qué volvieron a encarnarse juntas.

Cuándo se presentan

En la mayoría de los casos, las almas espejo se nos presentan para resolver asuntos que en vidas pasadas no pudimos solventar. Tenemos ataduras que funcionan como un imán para atraernos y darnos la oportunidad de poder finiquitar los asuntos pendientes en una nueva encarnación.

La forma más fácil de saldar el karma es con amor. Las almas espejo pueden formar parte de nuestra familia terrestre y eso nos da la ventaja de que existen lazos de sangre y de amor para facilitar la resolución kármica.

Jorge

Pilar se sentía tan sola que a los quince años se enamoró profundamente de Jorge, como sólo los adolescentes saben hacerlo. Pensó que era el «alma gemela» que necesitaba para ser feliz, y que vendría para terminar con su soledad y tristeza. ¡Qué equivocada estaba! El tiempo le mostraría todo lo contrario. En cuanto lo conoció, le contó todo a su mejor amiga: Teresa. Decidieron ir a jugar al boliche. Pilar estaba muy ilusionada de presentarlos.

Conforme pasaba el tiempo, Pilar iba conociendo más a fondo a Jorge, quien resultó ser machista y egoísta. Tenía una gran afición al alcohol y cuando bebía mucho, algo

que era muy frecuente, era muy agresivo con ella. Se peleaban constantemente, y ella, llorando, iba a desahogarse
con su amiga Teresa, la cual la tranquilizaba y le decía:
«Quien bien te quiere, te hará llorar».

En una ocasión tenían una fiesta a la que Pilar tenía gran
ilusión de asistir. Le habló a su amiga Teresa para comen-
tar qué vestido se pondrían, pues ésta también estaba invi-
tada. Por la tarde llegó Jorge para ver a Pilar, y por una
tontería discutieron. Éste, enojado, con el puño, rompió la
puerta y salió de la casa vociferando que ya no quería volver a verla nunca más.

Pilar se quedó deshecha, como siempre, en un mar de
lágrimas, pero finalmente decidió ir a la fiesta para distraer-
se. La fiesta se celebraba en un jardín con alberca, había un
conjunto que tocaba música en vivo; prometía ser muy
divertida. De repente, una amiga de Pilar le trajo un coñac
y le pidió que se lo tomara porque lo iba a necesitar.

Pilar, desconcertada y obediente, lo hizo; cuando terminó vio cómo Teresa, su amiga entraba del brazo de Jorge y,
entre risa y risa, se besaban. Pilar sintió que le clavaban un
puñal en el corazón por esta doble traición. Pensó, para sus
adentros, que nunca le perdonaría eso, había ido demasiado lejos. Pero no, a los pocos días, arrepentido, borracho y
acompañado de mariachis, bajo la ventana de Pilar, apareció Jorge, dándole una serenata.

Pilar al ver esa sonrisa tan cautivadora no pudo hacer
otra cosa más que perdonarlo. Por supuesto, la amistad de
Pilar y Teresa terminó definitivamente, pues cada vez que
se peleaban, Jorge aprovechaba para ir a por Teresa y
hacer lo mismo.

Así pasaron siete años; cada vez, Jorge se volvía más
adicto a la bebida y le hacía cosas más graves a Pilar, hasta
que un día, borracho y cegado por los celos, la lastimó rom-
piéndole una mano. Lo que para Pilar había empezado

como un juego se había vuelto cada vez más peligroso, pues Jorge sacaba toda su ira y frustración con ella.

Por más que pensaba, no entendía cómo seguía con este hombre que le hacía tanto daño, ¿Por qué no podía zafarse de él? ¿Por qué era tan doloroso y dependiente?

De dónde vienen los conflictos

Dyala era una atractiva gitana que vivía en el sur de España. Le gustaba mucho la quiromancia (lectura de manos). Su abuela se lo había enseñado cuando era una niña. Desde que tenía uso de razón estaba enamorada de Rom, un apuesto y moreno gitano que compartía sus sentimientos. Sus planes de futuro eran que la familia de Rom pidiera su mano para poder casarse con él.

La mejor amiga de Dyala era Yesenia; juntas jugaban en el río y se contaban todas sus intimidades. Yesenia, a su vez, estaba enamorada de Kumpe, un gitano maduro, el cual no le correspondía.

Un día, cuando Dyala regresó a su casa después de pasar la tarde a escondidas con Rom, se encontró a Kumpe hablando con sus padres porque venía a pedirla en matrimonio. Los padres estaban muy complacidos porque Kumpe era un buen hombre y estaban seguros de que haría feliz a su hija.

Dyala no pudo oponerse a los deseos de sus padres pues les debía obediencia. Se casaron por medio de un pacto de sangre y Dyala vivió una vida muy infeliz con Kumpe y, aunque ella nunca se lo dijo, éste intuyó que estaba enamorada de otro. A Rom se le rompió el corazón y decidió abandonar el pueblo para no regresar nunca. Yesenia, llena de ira y rencor, no le perdonó jamás a Dyala haberse casado con Kumpe.

Pilar en otra vida había sido Dyala, la gitana. Kumpe se reencarnó en Jorge, su novio, y Yesenia en su amiga Teresa.

Como Kumpe, había muerto con mucha ira, pues nunca logró que Dyala lo amara. Tenían que encontrarse en otra encarnación para resolver este conflicto. En la reencarnación de Pilar, Jorge descarga todo ese enojo y frustración con ella sin saber por qué se comportaba así.

Teresa, antes Yesenia, lo único que buscó en esta vida fue vengarse de Pilar y le trató de quitar a Jorge. Por su lado, Jorge amaba a Pilar, pues se trataba de un lazo kármico de una vida anterior, aunque sentía ira, pues en su vida de gitanos ella había amado a otro.

El karma

Generalmente, cuando tenemos karma con una persona, ésta se presenta de manera atractiva, puesto que de otra manera, nadie se relacionaría con alguien que sabe que va a tener una relación tormentosa o desagradable.

Como ejemplo de un alma espejo podríamos poner a ese hombre o esa mujer que ejerce una gran atracción en cuanto lo conocemos, e iniciamos una relación profunda creyendo que hay comunión de almas. Cuando pasa el período de «luna de miel», que dura algunos meses, pues según los científicos nuestro cuerpo físico no aguantaría más, es cuando nos damos cuenta de que hay varios aspectos de esta persona que no nos gustan y, con el tiempo, cada vez hay más, hasta que se termina la relación, o continúa, pero no de manera armoniosa y satisfactoria.

Lo que en realidad está pasando es que esta persona nos sirve de espejo para mostrarnos las partes oscuras o desagradables que no hemos resuelto. Aquí, por medio de nuestro libre albedrío, tenemos la oportunidad de resolver la situación ya sea cortando los lazos que nos atan a nivel energético, como explico en mi libro *Rompiendo lazos*, o cambiando interiormente aquellos aspectos desagradables que te molestan y que son un reflejo de ti mismo.

En caso de que no lo hagamos, seguiremos atrayendo, una y otra vez, almas espejo con las mismas características.

Otro ejemplo de alma espejo puede ser una persona que encontramos en una agencia de viajes y que empieza a hablar por el teléfono móvil a gritos, y en ese momento sentimos que nos molesta profundamente. Consideramos que es una invasión y falta de consideración hacia los demás. Esta persona nos está sirviendo de espejo para darnos cuenta de nuestra propia intolerancia. Lo importante es entender que no es que la persona sea maleducada sino que nosotros somos intolerantes.

Sin embargo, también podemos encontrarnos almas espejo que nos vienen a mostrar la belleza que existe dentro de nosotros mismos.

En una ocasión conocí a una persona que tenía mucha dulzura, y yo siempre me he considerado una persona más bien fría y distante. Esta persona vino a despertar la dulzura que yo tenía muy guardada en el fondo de mi ser.

Vampiros energéticos

Dentro del grupo de almas espejo están los que yo llamo vampiros energéticos. La mayoría de los seres humanos tenemos un déficit muy grande de energía, y muchas veces para sentirnos mejor robamos la energía a otro humano.

Cuando alguien nos manipula, nos hace sentir culpables, inferiores, hace bromas atacándonos o criticándonos, en realidad lo que está haciendo es robar nuestra energía. Si una persona habla demasiado, casi compulsivamente, sustrae la energía del interlocutor.

Este tipo de personas tienen un gran déficit energético porque han usado indebidamente su energía, es decir, en lugar de emplearla para crear armonía, abundancia y cosas nobles en su vida la han utilizado para generar ataduras energéticas de ira, miedo, dolor y dependencia. Todas estas ataduras requieren una considerable cantidad de energía, por lo que se sienten agotados. De manera inconsciente lo que hacen es robar energía a otro humano.

La manera más fácil de detectar cuándo nos están robando energía es sentirnos totalmente drenados, manipulados y con sentimiento de inferioridad cuando estamos en presencia de uno de estos seres.

Este tipo de personas entran y se clasifican dentro de nuestras almas espejo. Todo es por resonancia, es decir: «Lo similar se atrae». En un momento dado, alguien siente una afinidad con nosotros, hay algo que le atrae, lo cual quiere decir que ve una parte suya reflejada en nosotros mismos.

Por desgracia, una vez que roban la energía, ésta no les sirve de mucho pues al poco tiempo se disipa.

Cuanto más limpio se tiene el cuerpo emocional, más se ensanchará el eje central que discurre a lo largo de la columna vertebral. De esta manera existe menos necesidad de robar la energía a otra persona.

Es posible que un vampiro energético, como cumple las características de un alma espejo, llegue a tu vida durante un segundo o se quede a tu lado por largo tiempo.

La forma de liberarte tanto de un alma espejo como de un vampiro es cortar los lazos que los atan a nivel emocional.

Lo interesante sería tener la capacidad de atraer a más almas espejo que sólo te muestren partes bellas, y conocer rápidamente las partes negativas para poder eliminarlas de tu camino.

Debemos tener muy claro que las almas espejo no necesariamente son negativas, a pesar de que podamos llevar muchas encarnaciones con ellas.

Estamos en este plano para evolucionar, y todo lo que vivimos, sea bueno o malo, nos sirve para seguir creciendo.

A mí se me acercan personas sumamente invasivas, ya sea de mis espacios o de mi conocimiento. Tratan de meterse o inmiscuirse en mi vida privada, o me interrogan descaradamente para sacarme información de mis experiencias.

Durante mucho tiempo esto me sacaba de quicio; sin embargo, con el tiempo, aprendí que lo que tenía que hacer era retomar el poder y no permitir a estas personas salirse con la suya, o más bien con mi energía.

Al principio esto me dejaba totalmente agotada y frustrada cuando me daba cuenta de lo que habían hecho. Actualmente, cuando se me acerca gente así, inmediatamente pongo una barrera, retomo mi poder y les es imposible robarme la energía.

Esta clase de personas, llamadas vampiros, están dentro de las almas espejo, ya que también nos vienen a enseñar algo. Todos, de alguna forma, somos vampiros de otros por la cantidad de emociones estancadas que tenemos.

En realidad, todos somos maestros de todos, la vida es una escuela y el propósito es jugar y renacer.

PAREJAS FAMOSAS

Príncipe Carlos y Diana Spencer

Después de una espectacular boda digna de un cuento de hadas, la historia de Carlos y Diana es ampliamente conocida por el adulterio de él, las infidelidades de ella, los abusos mentales, las biografías no autorizadas, los paparazzi, en fin, una vida llena de desolación y sufrimiento que terminó con la vida de Diana en un accidente ¿u homicidio?

Esta pareja se unió para reflejarse uno al otro aspectos que, evidentemente, no resolvieron en encarnaciones pasadas, como la infidelidad, el abuso o la soledad.

Lo que la gente vio como una unión ejemplar y de fantasía no era sino una muestra de dos almas espejo que tenían que unirse para saldar karma.

Lo ideal hubiera sido resolver todo con amor y perdón y tener la oportunidad de saldar, pero en este caso no fue así y es probable que se vuelvan a encontrar.

Diego Rivera y Frida Kahlo

Frida estaba siempre sola a pesar de que se había casado con su gran amor: Diego.

Ni en las etapas más sublimes de su relación con él dejó de sufrir.

Desde muy joven padeció, primero, la poliomielitis, y después un accidente de autobús en el cual se quedó coja y unida a un corsé de forma permanente.

Diego, siempre infiel, cuanto más la amaba, más deseaba hacerle daño a Frida hasta el punto de que mantuvo relaciones con su hermana Cristina y la encauzó a enamorarse de Trotski.

En su relación, extremadamente tormentosa, nunca se separan del todo.

Frida vivió la muerte en vida hasta que falleció a los 43 años, después de muchas operaciones muy dolorosas de la columna vertebral.

Aun cuando esos personajes vivieron en pareja como un alma espejo, crearon tantas ataduras emocionales que, a pesar de que eran infelices, no tuvieron la fuerza para terminar con esa relación.

El verdadero amor nada tiene que ver con el sufrimiento ni con los engaños.

Capítulo 3

Almas gemelas

El fantasma vestido de novia

A los cinco años, Consuelo se despertó a medianoche, asustada. Corrió al dormitorio de su padre, que se encontraba al final del pasillo, pasó junto a la escalera, dio la vuelta y vio a una mujer vestida de novia y con la cara velada, que en lugar de caminar flotaba.

Consuelo gritó muy asustada. Despertó a sus hermanos y a su padre. Por supuesto nadie la creyó. Pasaron los años, y las sirvientas en su casa renunciaban, pues se quejaban de que veían a una mujer vestida de novia paseándose por la casa.

Muchos años después, su hermano Iván, mientras cenaban, le preguntó a Consuelo qué podía hacer para encontrar a su alma gemela, pues era muy infeliz en su matrimonio. Al instante sintieron un aire helado y la temperatura de la habitación bajó considerablemente. Consuelo vio parada detrás de Iván a la mujer vestida de novia. Inmediatamente recordó el susto de la primera vez que la vio cuando tenía cinco años.

No podía creer que después de tantos tiempo este pobre fantasma siguiera penando por ahí.

«¿Qué se te ofrece?», le preguntó Consuelo a la fantasma.

Contigo no quiero hablar, quiero hablar con tu hermano. Iván se puso muy nervioso, no quiso mirar hacia atrás, casi se quedó paralizado y se negó a contestarle. La mujer, tristemente, le enseñó a Consuelo un camafeo que tenía colgando; lo abrió y dentro había una foto de un hombre muy parecido a Iván.

Ella le contó que en la primavera de 1820 se casó en la capilla de la hacienda de sus padres y, al salir de la iglesia, mataron a su novio por una deuda de juego. Fue tan grande el dolor de esta muerte que no lo pudo soportar y se suicidó sin quitarse su vestido de novia.

Aquel novio había sido Iván, el hermano de Consuelo, y ella era el alma gemela que tanto ansiaba él y que desesperadamente seguía buscando.

Muchas veces el miedo impide liberar o vivir experiencias más plenas. Éste fue el caso de Iván, el hermano de Consuelo, que rehusó a hablar con su alma gemela, perdiendo así la oportunidad de ayudarla para que se fuera a la dimensión que le correspondía. Se perdió la oportunidad de que en una próxima encarnación ambos se encontraran como pareja para vivir lo que ha quedado inconcluso.

Por desgracia, este fantasma siguió vagando por la casa cerca de su amado sin encontrar descanso.

El término almas gemelas

Hemos oído muchas cosas sobre este tipo de almas. La mayoría se confunden con el rayo gemelo, que es la otra mitad de uno mismo. Las almas gemelas tienen una frecuencia vibratoria muy parecida a la nuestra.

Cuando tenemos contacto con uno de estos seres, tenemos la sensación de conocerlos desde siempre y sentimos una familiaridad muy placentera. A nivel espiritual sentimos como si hubiéramos trabajado juntos eternamente y, en realidad, así ha sido.

Estas almas forman parte del grupo de las almas compañeras, es decir, forman parte de tu familia de almas, que está compuesta por 144 almas.

Cada uno de nosotros tenemos doce almas gemelas, que son seres que están extremadamente cerca de nosotros a nivel espiritual. Algunos son bendecidos con tener a una de estas almas gemelas muy cerca en su vida cotidiana.

En la historia ha habido muchos encuentros románticos entre este grupo de almas. Dentro de esas 12 almas gemelas, la cantidad de almas mujeres u hombres, dependerá de las lecciones o experiencias que necesitamos completar para alcanzar o aumentar nuestras frecuencias vibratorias.

Está de más decir que este tipo de almas son un gran regalo en nuestra existencia, por lo que no necesariamente las encontramos en todas las encarnaciones.

Círculo interior y subgrupo de almas

Dentro de nuestra familia de almas, que son 144, hay un grupo íntimo y reducido que está compuesto por tus almas más cercanas, entre ellas las almas gemelas, flamas y rayo gemelo, que explicaré más adelante. A este grupo se le llama el círculo interior (*véase* ilustración 1).

Hay otro grupo, que se podría llamar subgrupo, donde están las demás almas con las que tendremos contacto en el transcurso de nuestra vida, que no necesariamente perte-

Familia de almas
Almas compañeras 144

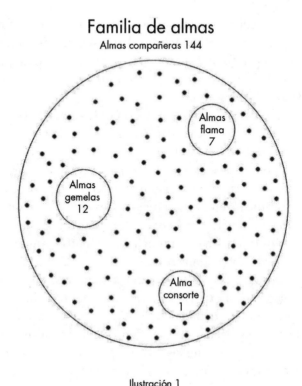

Ilustración 1

necen a las 144 de nuestra familia. Se puede tener contacto
hasta con 1.000 almas, y son como un apoyo comunitario.
El contacto de trabajo que haya entre familias de almas
estará regido por lecciones que tenemos que aprender en la
presente encarnación y lo más probable es que sea una
conexión de vidas pasadas (*véase* ilustración 2).

Por tanto, el contacto entre tu familia de almas y el subgrupo suele ser esporádico.

Cuando estudiaba secundaria, entablé gran amistad con
una de mis compañeras, hasta el punto de que pasábamos
todo el día juntas, incluso yo le presenté al que es ahora su

Subgrupos de almas

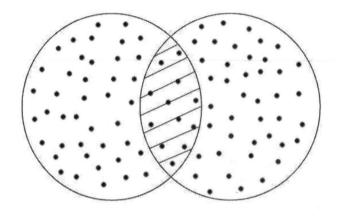

Muchas veces podemos tener contacto con almas de otra
familia para trabajar ciertos aspectos.
Aquí se muestran dos familias de almas, y en la parte rayada,
están las almas que se mezclan entre las familias.
Dentro de estos subgrupos se encuentran las almas espejo,
las almas familiares y las almas divinas.

Ilustración 2

marido. Con el tiempo, cada una siguió su camino y ella
formó su familia. Hace poco nos volvimos a encontrar y
para mis adentros pensé en cómo había sido mi íntima
amiga de adolescente, si no había nada que nos uniera.
Ahora comprendo claramente que esta persona no perte-
necía a mi familia de almas sino a otro grupo de almas,
y nuestro encuentro no tuvo otro objetivo que resolver,
aprender algo o presentarle a su marido.

Por el contrario, con nuestro grupo íntimo o círculo interior, estamos unidos estrechamente a nivel espiritual durante la eternidad.

Las almas gemelas están compuestas por seres que vibran de un modo parecido, con objetivos comunes y gozan continuamente uno con otro. Por lo general, escogen encarnaciones cercanas en la Tierra.

Es importante aclarar que no necesariamente son nuestra familia terrestre. La gente confunde la familia de almas con la familia terrestre.

Según mi experiencia, la familia terrestre está constituida por seres que están unidos a nosotros por karma o lecciones que no hemos aprendido. Es muy común también que nuestros padres hayan sido nuestros verdugos: si quitas la vida, en algún momento de la existencia tendrás que darla.

Cada persona tiene una historia muy particular que no se puede generalizar. Si tienes suerte, puedes encontrarte un alma gemela dentro de tu familia terrestre.

Los grupos de almas en el círculo interior, es decir, las gemelas, las flamas y el consorte han trabajado juntas por mucho tiempo en años terrenales.

Cuando desencarnamos o morimos, nos reunimos con alguna de estas almas que también están desencarnadas y muchas veces antes de morir son las que nos vienen a buscar para acompañarnos al otro lado.

Cuando tienes contacto con un alma gemela es como si tuvieras un respiro de aire fresco en tu camino. Es la persona que, pase lo que pase, siempre va a ser tu cómplice y te va a entender.

Puedes dejarla de ver durante muchos años y cuando os volváis a encontrar será como si nunca hubiera pasado el tiempo, os veréis con la misma alegría como si hubiera sido ayer.

Encuentro con un alma gemela

Cuando Tatiana tenía veinticinco años conoció a Baltasar. Acababa de terminar una relación muy tormentosa e inestable. Su abuela Rita la invitó a una primera comunión y en el desayuno lo conoció.

Baltasar le llevaba muchos años y al principio Tatiana se horrorizaba por ello, ya que sus amigas le decían que era demasiado viejo. A ella le gustaba mucho lo emocionante, ya que se aburría con rapidez de las cosas cotidianas.

Baltasar era un hombre elegante, muy simpático y de mucho mundo, y si algo no le gustaba era aburrirse. Por tanto, casi desde el principio, cuando Tatiana finalmente se dio cuenta de que la diferencia de edades no era tan importante, existió complicidad y un gran entendimiento entre ambos.

Baltasar tenía todo el tiempo y dinero para hacer lo que se le antojara. Una de las cosas que más le apasionaba era viajar, al igual que Tatiana.

Su relación fue una aventura fascinante que duró quince años. Sólo la muerte de Baltasar la interrumpió.

Un día llegó Baltasar con su espléndida sonrisa y obsequió a Tatiana con una tarjeta de crédito sin límite.

«Esto es –le dijo– para que me invites a cualquier parte del mundo y yo pago».

Desde ese día, Tatiana planeaba viajes a los lugares más exóticos de la Tierra. En una ocasión llegaron a la isla de Rarotonga, en los mares del sur. Una tribu de aborígenes los invitaron a comer; el jefe de la tribu ordenó que fueran a buscarlos en una lancha larga y angosta, cruzando cascadas y lugares impresionantes. Cuando llegaron al sitio indicado, los recibió toda la tribu junto con el jefe y comieron todos juntos en una casa redonda con un tejado hecho de palmeras. La comida fue muy rara para Tatiana y Baltasar. Se la comieron a regañadientes, riendo. Al atardecer, después de un día diferente y divertido, regresaron a Rarotonga.

En otra ocasión fueron a visitar monasterios en Meteorá, Grecia. Éstos se encuentran en la cumbre de las montañas y sólo se puede subir sentándose en una canasta atada a sogas.

Se divertían tanto juntos que, poco a poco, fueron reduciendo su círculo de amistades. Si eran tan felices los dos solos, ¿para qué necesitaban a alguien más?

Tatiana sentía que él era su mejor amigo, nunca le ocultaba nada y Baltasar pensaba lo mismo. Algunas veces, Baltasar tenía comidas de negocios e invitaba a un grupo de señores a comer a su casa; por supuesto, Baltasar cocinaba absolutamente todo, le encantaban las cosas buenas de la vida. Para entretener a estos señores después de la comida llegaba un grupo de mujeres con cuerpos extraordinarios para bailar. Baltasar hablaba inmediatamente con Tatiana para contarle todo e invitarla. Ella, a carcajadas, rehusaba diciendo que disfrutara con sus amigos.

En una ocasión, mientras estaban los dos en Londres, Baltasar le dijo que le tenía una sorpresa y la invitó al teatro. Fue muy extraño, porque cuando llegaron, Tatiana se dio cuenta de que solo había mujeres en el teatro; el único hombre era Baltasar. Cuando empezó la función, para su grandísima sorpresa, era un *show* de hombres con cuerpos esculturales que hacían striptease. Cuando Tatiana, muy divertida, se giró para ver a Baltasar, éste estaba en su butaca profundamente dormido y roncando.

Su relación era de complicidad y con la clara convicción de que estaban juntos para ser felices, gozar y compartir la vida. Ésta es un alma gemela.

Los amigos de Baltasar le preguntaban a Tatiana por qué en lugar de estar con alguien de su edad estaba con este hombre que era mayor que su padre. Tatiana, muy feliz, les contestaba: «¡Porque me hace reír!».

Cuando Tatiana tenía un problema o estaba triste, sabía que la única persona incondicional que siempre, pasara lo que pasara, estaría a su lado era Baltasar. Para ella era su héroe, alguien que todo lo podía; era definitivamente su alma gemela.

Baltasar tuvo una alteración química en la sangre y sufrió una depresión profunda. Tatiana hizo hasta lo imposible para que mejorara. Con una paciencia y un amor infinitos lo acompañó hasta el final.

Tatiana sabía perfectamente que este tipo de relaciones no eran comunes en la mayoría de los seres humanos. Había sido un regalo de la vida, y lo más probable es que no volviera a encontrar otra persona similar.

Cuando Baltasar murió, ella quedó postrada de dolor, ya que había perdido a su compañero, su amante, su padre; a su querida alma gemela.

Con el tiempo entendió que todo está en constante cambio, que nada es para siempre. Ella tenía que seguir adelante, viviendo cosas diferentes, conociendo a gente nueva pero con la claridad absoluta de que se había separado sólo por un tiempo de su querida alma gemela, ya que el amor es eterno.

PAREJAS FAMOSAS

John Lennon y Yoko Ono

Se conocieron en 1966 en una galería en Londres y, desde ese momento, Yoko comenzó a perseguirlo. Meses más tarde murió Brian Epstein, el manager de Lennon y él buscó consuelo en ella.

Desde ahí, la transformación de Lennon fue muy evidente: cambió su aspecto para parecerse a ella. Iniciaron unas nuevas carreras juntos con pensamientos de vanguardia, izquierdistas, feministas y en contra de la guerra.

Después de casarse en 1969, recibieron a periodistas en la cama del hotel donde estuvieron nueve días encerrados para hablar de la paz en el mundo.

En 1973, Lennon volvió a caer en las drogas y se separaron. Sin embargo, regresaron a finales de 1974 y tuvieron a Sean, su hijo.

Cuando la relación recuperaba su cauce, Chapman se encargó de quitarle la vida a Lennon.

La historia culpa a Yoko Ono de haber sido quien alejó a Lennon de su primera esposa y de su hijo mayor, pero, sobre todo, de ser ella quien separó a los Beatles.

Cuando dos almas gemelas se encuentran, puede existir tal afinidad que, como hizo Lennon, se puede cambiar todo, hasta el aspecto. Cuando llevan años conviviendo, este tipo de parejas incluso se parecen físicamente.

La complicidad forma lazos tan fuertes que incluso hacen en equipo su propio trabajo profesional.

Jean Paul Sartre y Simone de Beavoir

Estos dos personajes estuvieron unidos durante muchos años. No obstante, nunca vivieron bajo el mismo techo, nunca se casaron, nunca compartieron un mismo lugar, ni estatus; sólo en el cementerio de Montparnasse, donde descansan juntos.

Resulta imposible conocer a fondo esta relación tan peculiar, pues, al igual que ellos, estaba fuera de lo común.

Como pareja, solamente establecieron un principio: tener romances con otras personas a su antojo. Algunas veces compartieron a la misma persona por separado. Pero los dos sabían que, entre todos los individuos con quienes se relacionaban, siempre se preferían.

Para estos grandes intelectuales su amor es necesario, y los demás amores son eventuales, pues se trata de almas gemelas.

Cuando se separaban por trabajo, se escribían a diario y tan sólo con las cartas que dejaron, valió la pena su existencia.

Estuvieron juntos sin ninguna atadura exterior, simple y sencillamente porque para ambos era agradable e indispensable disfrutar de su relación.

Aquí se demuestra que el hecho de que hayan compartido otras personas como pareja no dañó en absoluto su relación.

Éste es un ejemplo de amor poco convencional; sin embargo, es muy común encontrarlo entre dos almas gemelas.

Capítulo 4

Alma divina

Cómo llegan las almas a la Tierra

La Tierra es una gran puesta en escena en la que todas las almas que estamos encarnadas somos los actores. Cada uno de nosotros vive su propia obra de teatro, en la que somos el protagonista principal, y por medio del libre albedrío decidimos si la obra va a ser de aventuras, una comedia o un drama.

Cuando no estamos encarnados, a las almas les gusta mucho bromear entre ellas acerca de la seriedad con que tomamos la vida. El propósito es renacer porque es un juego. A la mayoría de las almas les gusta encarnarse; sin embargo, a otras no les atrae tanto. Éstas suelen denominar «los aventureros» a aquellas almas que vienen mucho a la Tierra.

Las almas más desarrolladas, es decir, evolucionadas, tienen responsabilidades más serias. La relación con sus guías ya no es de maestro-estudiante, sino de colegas, y trabajan juntos.

Estas almas avanzadas tienen una considerable claridad del plan universal. De eso se trata la conciencia, de tener claridad. También tienen menos lazos familiares, pues entienden perfectamente cómo se maneja el karma, viven más en reclusión.

Cuando estas almas mueren, su tiempo de descanso es más largo entre cada vida, y es probable que puedan encarnarse en dos o más cuerpos físicos simultáneamente, es decir, al mismo tiempo, algo que hacen únicamente para acelerar su desarrollo o evolución.

Las almas viejas se encarnan menos. Los ciclos de encarnación se regulan por el deseo del alma de venir a evolucionar. La Tierra tiene una necesidad enorme de almas. En estos tiempos, la gente se encarna más que en el pasado, pues cada siglo trae un adelanto en cuanto a conciencia.

Algunas almas pasan muy poco tiempo en el mundo espiritual y se encarnan para acelerar su desarrollo, mientras que a otras les cuesta trabajo regresar a la Tierra.

A las almas desarrolladas se les llama alma divina. Cuando un humano normal y corriente tiene contacto con un alma divina, ésta va a causar gran impresión en su vida.

Conforme el alma va evolucionando dentro de un cuerpo humano, sus frecuencias vibratorias se van elevando; en pocas palabras, con que más conciencia tenga, más se irá convirtiendo en luz.

Cuando estamos en presencia de uno de estos seres con frecuencia alta, con el solo hecho de pararnos frente a él o ella, su energía va a tener un impacto en nosotros. Si venimos cargando muchas cosas sin resolver, inmediatamente nuestra sombra va a ser muy evidente, porque cuando un espacio está lleno de luz, la oscuridad no se puede ocultar.

Si no nos movemos por el camino adecuado, esta alma divina nos llevará a nuestra parte más profundar para reflexionar y corregir.

Muchas veces no es un encuentro agradable, pues nos confronta en gran medida con nuestra sombra. Pero también puede ser un encuentro muy placentero, en el que permanecemos en estado de gozo durante algún tiempo, pues la frecuencia vibratoria del alma divina eleva automáticamente la nuestra. Para abrir los ojos, el alma toma muchas formas.

Tener contacto con este tipo de almas es un gran regalo, ya que nos hacen escuchar la verdad que hay dentro de nosotros. En estos tiempos tan interesantes, muchas personas están experimentando el contacto con un alma divina para moverse hacia delante.

Puede ser un contacto muy breve que esté cerca de nosotros durante algún tiempo. Sea como sea, esta alma viene a alterar cosas muy profundas de nuestra vida.

Varios mensajes

En una tarde calurosa de verano, Pablo se encontraba en su biblioteca haciendo una curación espiritual a una persona cuando, de repente, se le presentó Shiva.

Estaba tal como lo plasman en las pinturas, con un taparrabos, el pelo largo recogido encima de la cabeza. Lo que más le impresionó a Pablo fue el color intenso de su piel: azul.

Shiva, sonriendo, le dijo: «¿Por qué no vienes a la India?»

Pablo se quedó muy confundido, pues no sabía si este mensaje era para él o para la persona a la que le estaba haciendo la sanación.

Varios días después vino otra persona a verlo y le trajo de regalo una estatuilla de Shiva. Éste se le volvió a aparecer diciéndole lo mismo. A estas alturas, para Pablo ya era muy evidente que el mensaje era para él.

Pablo había estado en la India veinte años antes. Había ido al monasterio de un gurú famoso, y en ese momento de su vida la experiencia no había sido lo que él esperaba. Cuando regresó a México le pasaron cosas muy desagradables, incluso perdió todo el dinero. En esa época, Pablo no tenía el trabajo espiritual que poseía ahora, por tanto, no era de extrañar que la experiencia no hubiera sido tan grata. Por eso mismo juró que jamás regresaría a la India.

Sin embargo, esta insistencia de Shiva lo intrigaba mucho. Shiva era considerado el señor de la muerte, el gran danzante cósmico. Cuando danza, nada permanece igual, nos demuestra que todo está en constante movimiento. Todo tiene que morir para renacer. Como el ave fénix, que resurge de las cenizas, como la energía nuclear.

Pablo comprendió que esto iba en serio y llamó a una amiga que pasaba largas temporadas en la India para preguntarle qué opinaba. Su amiga, riendo, lo invitó, pues en unos días más se iba a la India. Cuando supo el precio del billete de avión se quedó helado, y en una meditación le dijo a Shiva en tono de broma que si quería que fuera a la India le mandase el dinero.

A los pocos días, el hermano de Pablo murió inesperadamente dejándole una cantidad considerable.

Poco tiempo después, Shiva se volvió a presentar en una de las sanaciones de Pablo y le dijo: «Ahora ya tienes el dinero, ¿cuándo vienes a la India?».

Estar en la India es una experiencia muy intensa. Desde que uno se baja del avión, se advierte olor a especias. Pablo estaba en Kerala, al sur, casi en el extremo de la India, donde se une el mar Arábigo e Índigo.

Se dirigía al *ashram* de Amma, después de viajar tres largas horas en una angosta carretera de ida y vuelta, llena de gente caminando, en bicicleta, vacas y *rickshaws* tocando sus bocinas. Era una locura.

Cuando finalmente llegó al *ashram*, con un calor insoportable, lo primero que lo recibió en la entrada fue una estatua gigantesca de Shiva.

Su amiga ya había llegado unas horas antes y le estaba esperando en su apartamento. Cuando llamó a la puerta, salió impresionada para enseñarle que en la puerta había tres rayas pintadas con cenizas: eran las marcas de Shiva que le daban la bienvenida.

Amma: alma divina

Cuando Pablo vio a Amma por primera vez en el *ashram* no sintió nada especial. Amma tiene la característica de dar su *darshan* (compartir su presencia) abrazando a la gente. Sin embargo, cuando Pablo la abrazó tampoco sintió nada.

Tuvieron que pasar varios días para que empezara a adecuarse a su frecuencia vibratoria.

Mientras tanto, en el *ashram*, cada día llegaba más gente; por las mañanas, Amma daba charlas y a veces *darshan*. Por la noche se reunían todos: a un lado las mujeres y a otro los hombres para entonar *bajans*, cantos devocionales.

Esto era lo que más le gustaba a Pablo, ya que siempre le había atraído la música. En una ocasión, él y su amiga decidieron salir a caminar entre la espesa jungla de Kerala, los monzones estaban empezando, por tanto, por las tardes caían unas lluvias torrenciales que refrescaban un poco la atmósfera; pero sólo durante un rato, pues el calor era insoportable.

Pablo iba departiendo con su amiga acerca de los espejos. Le decía que todo en la vida funciona como espejo de uno mismo, sólo tienes que estar alerta para leer lo que te dice el universo a cada instante.

Estaban en esta conversación mientras pasaban por un pequeño lago de agua cristalina donde se reflejaba perfectamente el paisaje. El agua estaba tan quieta que actuaba como un espejo; Pablo, sorprendido, se lo enseñó a su amiga, fue como si el universo se lo hubiera puesto enfrente para demostrárselo. Riendo los dos, por la casualidad, siguieron su camino, mientras Pablo le explicaba que muchas veces los espejos no se pueden ver claramente, y por eso, la mayoría de las personas no se dan cuenta de su existencia. En esto estaban cuando pasaron junto a otro lago totalmente turbio, donde no se reflejaba nada. La India parecía un lugar mágico donde todo se iba moviendo con la intención.

A los pocos días, Pablo acudió al astrólogo del *ashram* porque quería resolver una situación. Éste le aconsejó que hiciera una *puja*, es decir, una ceremonia o ritual para quitar la mala influencia de los astros en esa situación.

Él nunca había estado presente en una *puja*. Lo citaron a las cuatro de la madrugada. El lugar estaba preparado con muchas flores, incienso, fuego, campanas, etcétera.

Llegó un joven hindú que tendría unos veinte años, con el pelo largo color negro azabache totalmente lleno de aceite. Se sentó y comenzó a hacer el ritual. Pablo, con su percepción extrasensorial, podía ver claramente todo lo que estaba pasando en los cuerpos y chakras de este joven. Era impresionante observar cómo abría y cerraba los chakras a voluntad; literalmente ¡estaba moviendo el universo desde ahí!

Después le explicaron que este conocimiento procedía de los Vedas y se transmitía de generación en generación. Pablo estaba muy impresionado por cómo manejaba la energía este muchacho, y como era de esperar, al poco tiempo, se solucionaron los obstáculos de la situación.

Otra visión que tuvo Pablo fue de una vida anterior que había tenido en la India. Había sido un *sadhu*, es decir, un renunciante. Son hombres que visten con una especie de taparrabos, con el pelo largo, puesto que nunca se lo cortan, y sus únicas posesiones son un palo para caminar y un recipiente para sus alimentos. No permanecen más de 3 días en un solo lugar para no sentir apego, son seguidores de Shiva y la gente generalmente les da de comer, pues los consideran santos. Cuando sienten que van a morir, se aproximan al río Ganges, pues es muy auspicioso morir ahí.

Cuando Pablo, muy emocionado, le narró a su amiga esta visión, en ese instante, enfrente de ellos, pasaba un *Sadhu*. A Pablo le recomendaron que se hiciera unos masajes llamados *panchakarma*, que pertenecen al Ayurveda, la medicina tradicional en la India.

Los masajes se los dio una monja del *ashram*, vestida con su sari blanco y con unos profundos y bellos ojos negros a través de los cuales le podías ver el alma. Mientras realizaba el masaje iba rezando los 108 nombres de Dios; fue una gran experiencia, pues este masaje no sólo llegaba al cuerpo físico, sino que también se extendía a todos los cuerpos, al infinito.

Amma es un ser con frecuencias muy altas de amor incondicional. Era interesante para Pablo observar cómo a la gente común, cuando estaba en su presencia, le brotaban todas sus partes oscuras y se volvían muy evidentes. Tal cosa no pasaba en sus vidas cotidianas. Esto se debe a que cuando están en presencia de un ser con mucha luz, la oscuridad no se puede esconder e, inevitablemente, sale a flote: a esto se le llama disonancia.

Pablo decidió regresar a casa, pues sentía que había terminado su estancia en la India, un lugar muy intenso. Se sentó enfrente de Amma para despedirse en silencio y lloró, no de nostalgia ni tristeza; lloró de gozo.

Evidentemente, Amma estaba realizando la función de un alma divina para Pablo.

Durante esa época, él se sentía estancado en su camino. Tuvo que ir a la India para poder encontrar a este ser, Amma, quién le movió cosas internas que lo ayudaron a continuar.

Cuando finalmente llegó a México, se encerró durante 3 meses en su casa, casi sin ver a nadie. Algo dentro de él se había movido y necesitaba adaptarse.

Con el tiempo, se fue dando cuenta de todo lo que había crecido, y lo invadía un sentimiento de que algo se había quedado inconcluso. En el fondo de su ser sabía que tenía que regresar nuevamente a la India para terminar este proceso.

Sólo estaba esperando la invitación de Shiva; sabía que, antes de regresar, tenía que anunciárselo.

Giro en nuestras vidas

Este tipo de almas encarnadas, llamadas almas divinas, se pueden presentar en nuestro camino cuando necesitamos dar un giro a nuestras vidas.

Puede ser desde una maestra de metafísica que con el solo hecho de asistir a sus clases cambió nuestra vida o cuando vamos a una conferencia y el ponente dice algo que nos llega muy profundo y que jamás olvidaremos.

En el caso de Pablo fueron varios personajes en su viaje a la India: desde el muchacho encargado de hacer la *puja*, la monja que le dio el masaje *panchakarma*, hasta la propia Amma, con sus frecuencias altísimas de luz. Todos estos personajes cambiaron el rumbo y el interior de Pablo.

Un alma divina es un alma que se te presenta a lo largo de tu vida, de manera intermitente, para que cambies el rumbo. Son seres más desarrollados que tú y son un regalo que hay que apreciar.

Se nos pueden presentar varias almas divinas a lo largo de nuestra estancia en esta dimensión o solamente una.

Por lo general, no guardan una relación muy estrecha con nosotros, sino que nos marcan y retoman su camino.

De alguna forma nosotros hemos sido almas divinas de otros sin saberlo.

Maestros ascendidos

También tenemos nuestros guías o maestros que se encuentran en otra dimensión y, desde ahí, nos guían. En el momento que desencarnamos o morimos, volvemos a reunirnos con ellos.

Cuando estamos en la Tierra, nuestros guías o maestros nos proporcionan amor, poder creativo y calidez. Aunque en los momentos dolorosos nos sintamos solos, en realidad nunca lo estamos, ya que ellos siempre están cerca.

De alguna forma tienen que ver con el cumplimiento de nuestro destino y desarrollan un papel importante, ya sea mandando algun alma divina encarnada para que avancemos o iluminándonos para que tomemos decisiones adecuadas.

La conciencia de cada alma o ser humano es la que va a determinar la madurez del guía o maestro que va a tener. El desarrollo de los guías determinará cuántos discípulos tendrá a su cargo.

Entre más alto el nivel evolutivo trabajará con más discípulos a nivel espiritual y en la Tierra.

Algunas personas encarnadas tienen más de un guía o maestro en otra dimensión. Generalmente compartieron alguna encarnación pasada.

Nuestro maestro principal se nos asigna en cuanto se crea el alma. Conforme vamos evolucionando tenemos un maestro ascendido secundario que nos asesora, ya sea en nuestra misión o en cosas pendientes de resolver.

Si un alma o persona tiene 2 guías, uno es el dominante, es decir, el más experimentado, quien va a ser menos evidente en las actividades diarias, y no se manifiesta tan frecuentemente; sin embargo, los 2 maestros se complementan.

Los guías o maestros te escogen, por eso mismo se dice que cuando el discípulo está listo aparece el maestro. No somos escogidos al azar, sino que tiene que ver con nuestra resonancia o frecuencia vibratoria.

Ellos nos refuerzan el sentimiento de ser, pues cuando nacemos nos enfrentamos con la separación y la soledad; incluso muchas veces no experimentamos amor familiar, dependiendo de tu karma, por lo que los guías ayudan a mitigar la sensación.

La gente siempre se pregunta si los guías o maestros vienen cuando los llamamos, y generalmente no somos conscientes de la manera que escogen para asistirnos o ayudarnos.

Siempre están cerca y nos reconfortan en épocas duras de nuestra vida. Muchas veces usan personas para calmar a sus discípulos en momentos difíciles.

Cada guía o maestro es diferente en su carácter o personalidad, aunque todos son compasivos. Algunos ayudan constantemente a sus discípulos encarnados, mientras que otros son más independientes y dejan que sus discípulos resuelvan sus problemas según lo aprendido.

La madurez del alma tiene que ver con esto, pues con que más avanzada sea ésta menos ayuda necesita y la relación con su guía va a cambiar de discípulo a colega.

Las almas que se desarrollan rápidamente tienen talento pero también lo tienen los guías que las asisten. Sin embargo, es extremadamente raro la rápida evolución de un alma.

Por tanto, los guías o maestros que se encuentran en otra dimensión entran dentro de las almas divinas.

Para la mayoría de los seres humanos, por su poca evolución, es muy raro que lleguen a tener contacto directo con sus guías o maestros que están en otra dimensión por lo que requieren un alma divina encarnada de cuando en cuando.

ALMAS DIVINAS FAMOSAS

Los Beatles y Maharishi Mahesh Yogui

Maharishi Mahesh Yogui fue un gran gurú de la India. Alcanzó fama mundial, pues fue el introductor de la meditación trascendental en Occidente, y sus técnicas han sido difundidas a millones de personas en todo el mundo.

En la década de 1960 su fama se difundió más entre estrellas del rock y el pop como los Beatles, Beach Boys y Donovan.

Los Beatles viajaron a su *ashram* en la India en 1968 y se quedaron unos meses allí componiendo su *Álbum Blanco*, que tuvo mucho éxito, pues tuvieron su mejor inspiración gracias a él.

La canción «Sexy Sadie» la compuso John Lennon para el Maharishi pero le cambiaron el nombre por temor a una demanda por parte del gurú.

En este ejemplo vemos claramente cómo el contacto, aunque breve, de los Beatles con este gurú tuvo un impacto en su música. El Maharishi desempeñó la función de «alma divina».

Todos podemos ser almas divinas

Cualquiera de nosotros podemos ser un alma divina de otros seres humanos, aun sin darnos cuenta.

Tenemos el caso de Héctor. Carmen, su esposa, daba clases de literatura y, en una ocasión, una de sus alumnas los invitó a ambos a una cena en su casa.

Héctor entabló gran amistad precisamente con Poncho, el esposo de la alumna. Esta amistad reafirmaba y rompía paradigmas en Héctor.

Ambos se convirtieron en grandes amigos, y pasados unos meses, le diagnosticaron una enfermedad terminal a Poncho y murió. Héctor se quedó muy conmovido por todo lo que aprendió de la amistad compartida en tan breve tiempo.

En este caso, Poncho actuó como alma divina de Héctor.

También tenemos el caso de Consuelo, líder de un grupo de danzantes de la tradición mexicana.

Consuelo es una mujer con mucha fuerza espiritual y una gran sabiduría; con el solo hecho de estar cerca de ella, todos los danzantes son tocados por estas virtudes. Todo el que conoce a Consuelo, de alguna manera, su vida, no vuelve a ser la misma.

Generalmente cualquier alma divina es un alma muy vieja que ha acumulado mucha sabiduría. Es tal su luz que atrae a la gente como un panal a una abeja.

Capítulo 5

Almas familiares

Los contratos kármicos

Las almas antes de reencarnarse, es decir, cuando están en otro plano o dimensión, sin cuerpo físico, escogen cuándo, dónde, en qué familia y en quién se van a encarnar. Los eventos, la raza, la cultura y la localización geográfica también se eligen antes de nacer.

Es de suma importancia para el alma escoger su ADN, la información genética que va a heredar a su cuerpo físico, pues éste será su vehículo en la presente encarnación. Aparte de esto, en el ADN está grabado el karma: todas las enfermedades, tendencias a padecerlas, patrones psicológicos, emocionales y adicciones.

Por tanto, cada uno escoge encarnarse en una familia que reúna los requisitos kármicos más apropiados para el desarrollo de su alma.

Cuando una persona hereda una enfermedad mental o tiene una discapacidad física, sufre discriminación social, haciendo su carga kármica más pesada.

Esto es muy común debido al poco desarrollo evolutivo de la consciencia colectiva o de masa y a la ignorancia del karma.

Sin embargo, si estos individuos superan los obstáculos de un defecto físico o una enfermedad, se hacen más fuertes a nivel espiritual y liberan parte de su karma.

Y digo parte, porque no sólo traemos un karma, sino una infinidad de lecciones por aprender.

Gracias a todo esto es de importancia vital para el alma escoger a la familia terrestre, ya que hay razones para nacer en cierto tipo de familia, familiares que nos proporcionen dolor o alegría, apoyo o soledad, amor u odio. De esto dependerá nuestro crecimiento, al mismo tiempo que nosotros les proporcionaremos lecciones a seres cercanos.

Al resolver este tipo de conflictos en la Tierra, significará que no tendremos que repetirlo en vidas futuras.

Las almas que comparten estas características de elección se llaman almas familiares. Éstas van a establecer contratos entre sí antes de nacer.

Existe la errónea creencia de que no podemos deshacer un contrato espiritual. Nada está más lejos de la realidad y es claro percibirlo cuando ya no sentimos una pesada atadura, responsabilidad o culpabilidad con un miembro de la familia. Se da la pauta para determinar el final del contrato.

Liberación de emociones

No hay karma que no se pueda resolver o terminar con conciencia. Existen diferentes técnicas para liberar nuestras emociones.

Muchas veces dejar ir el pasado es una de nuestras lecciones más importantes. Lo ideal es cumplir nuestros contratos, pues si no lo hacemos, pueden quedar pendientes para la siguiente u otra encarnación.

El karma más pesado que traemos es con nuestra familia terrestre, que no necesariamente es nuestra familia de almas. La familia terrestre muy probablemente está compuesta por almas familiares, aunque también puede darse el caso de que un miembro de tu familia terrestre sea un tipo de alma más avanzada o más afín a ti.

Al hablar de karma me refiero a entregar cuentas de toda la energía que usamos, ya sea para hacer el bien o el mal. Tenemos una inmensa responsabilidad del uso que le damos a la energía pues somos cocreadores con Dios, es decir, constantemente estamos creando nuestra propia realidad.

Nosotros escogemos, antes de encarnarnos, a las almas familiares para tener relaciones muy cercanas, ya que esto nos da la oportunidad de resolver cosas que nos quedaron pendientes en vidas pasadas.

Las almas familiares vienen a ayudarnos y, al mismo tiempo, a cumplir objetivos mutuos que nos hagan crecer en diferentes situaciones, ya sean armoniosas o frustrantes.

El tiempo que estas almas estén cerca de nosotros puede ser largo o corto, y esto no es lo importante, sino, por el contrario, el impacto que tengan en nuestra vida.

En muchos casos, nuestros padres han sido nuestros verdugos en encarnaciones pasadas, lo que significa que hicieron un contrato, ya que al darnos vida, saldaron el karma de haberla quitado.

Supe de un caso en que una persona perdió a su madre cuando tenía cuatro años. En vidas pasadas vivieron en Francia durante la revolución y la madre había sido el verdugo que le cortó la cabeza. En esta encarnación le dio vida y a los cuatro años murió.

La convivencia con las almas familiares va a alterar nuestra vida, pues se presentan para saldar o resolver conflictos si se trata de un encuentro negativo.

También pueden ser experiencias positivas, en cuyo caso pueden sacar nuestra mejor parte, como la ternura, la compasión, la dulzura, etcétera.

Si se llegaran a presentar almas familiares conflictivas, o familiares con enfermedades, es con el propósito de avanzar en su evolución, aun cuando sea difícil lidiar con ellas. Al vivir este tipo de eventos, todos evolucionan más rápido, limpian más karma.

Sin embargo, para el Universo no existen encuentros negativos o positivos, todo se toma como un regalo para evolucionar.

Un ejemplo muy claro de un alma familiar es cuando una pareja pierde un bebé.

Muchas veces nos preguntamos por qué ocurre esto. Evidentemente hay un karma involucrando y la lección es para los padres, ya que el alma del bebé se prestó amorosamente durante un breve tiempo para ayudar a esa pareja. Aunque nunca podemos generalizar, pues cada individuo es único, lo mismo que el karma, es probable que en vidas anteriores los padres hayan abusado del niño hasta matarlo y en vidas posteriores necesitan experimentar el dolor de perder un hijo o desearlo desesperadamente.

Con una experiencia así, aprenden la lección y, si tienen otro, lo cuidarán con amor y dedicación.

Debido a las religiones y a las creencias sociales, relacionadas con el control, el aborto está muy mal visto. Lo que estamos muy lejos de conocer es que el alma sabe cuándo va a ser abortada, para ella no es una sorpresa. Aunque los seres humanos tenemos libre albedrío debido a la consciencia tan baja que tiene la humanidad, pocos seres humanos hacen uso de él, sobre todo en decisiones importantes y que pueden ser un antes y un después en su vida.

Por otro lado, cuando el feto aún está dentro de la madre, su alma entra y sale, es decir, no está permanentemente dentro de él; es posible que el alma entre en el cuerpo del feto poco tiempo antes de que nazca. Por tanto, si es abortado, es probable que el alma no esté en su cuerpo.

Ni la ciencia, ni la religión pueden tener el conocimiento del momento preciso en que el alma entra en el cuerpo del bebé, ya que cada caso es único. Muchos factores energéticos, químicos y espirituales intervienen para que finalmente ésta pueda acoplarse al cuerpo físico.

Hay mucha ignorancia y polémica acerca del comportamiento del alma.

Otro ejemplo puede ser tener un hijo homosexual. Las almas antes de encarnarse eligen un género: masculino o femenino. Con que más evolucionada esté el alma, mayor equilibrio mantendrá entre los dos géneros; algunas veces será hombre y otras mujer.

Cuando se ha sido muchas veces un género, es decir, mujer, y en la siguiente se cambia al otro, se puede ser homosexual. Hay hombres que sienten que están en un cuerpo de mujer y llegan a someterse a intervenciones para cambiarse de sexo. Ser homosexual tiene un fuerte estigma en la sociedad y puede ser una vida ardua y difícil.

Puede tratarse de un karma de ciertos eventos del pasado para entender las complejas y diferentes identidades de género.

Para entender todo esto, el cerebro humano no tiene sentido de la ética, la consciencia es responsabilidad del alma.

Niña cristal

Graciela tenía una amiga que estaba muy preocupada por su hija adolescente, pues parecía tener una especie de retraso mental; incluso algunos doctores decían que podía ser autismo. Sus padres estaban tan preocupados que le pusieron maestros especiales que la enseñaban incluso cómo contestar el teléfono. Como ya era adolescente, había una preocupación más pues pronto le empezarían a gustar los muchachos. Su mentalidad de niña era un peligro, pues se podían acercar a ella con malas intenciones.

La madre le pidió ayuda a Graciela y ésta, como terapeuta, accedió a hacerle una revisión de sus cuerpos, a ver si de esta manera encontraba la raíz de su enfermedad.

A la muchacha no se le pudo explicar qué le iba a hacer Graciela porque era casi imposible que lo entendiera, por tanto, se le dijo que le harían un masaje.

En cuanto se acostó en la camilla, se quedó profundamente dormida y Graciela vio ocho ángeles alrededor y cuatro ancianos tras su cabeza. Los ancianos son seres muy evolucionados, generalmente asexuados, es decir, andróginos. Saben todo acerca de nuestras encarnaciones, ya que son omniscientes y omnipotentes; son como dioses compuestos de luz blanca y un aura dorada de divinidad.

Un ejemplo de uno de estos seres es Sanat Kumara que en sánscrito significa «eterna juventud», en la Biblia lo llaman «el anciano de los días», y se dice que es hijo de Shiva y Parvati. Originalmente vino de Venus con 144.000 almas voluntarias llamadas Kumaras (jueces del bien y del mal) para ayudar al despertar de la conciencia en la humanidad. Los ancianos son los más poderosos entre los soberanos directos de las creaciones espacio-tiempo. Son los gobernantes más perfectos, versátiles y están divinamente dotados.

Esta joven traía un ejército celestial custodiándola. Graciela estaba muy impresionada; sin embargo, al ver sus cuerpos se quedó más impresionada todavía. Eran parecidos a un diamante gigante, como si estuviera metida en cajas geométricas de cristal, nunca había visto algo parecido.

Cuando iba a iniciar la curación, los ancianos le indicaron que no la tocara, pues en ese caso Graciela sólo iba a actuar como mensajera.

Debía decirle cosas importantes a los padres, entre ellas que se trataba de una «niña cristal».

Estas nuevas almas que se están encarnando tienen varias características, entre ellas que ésta es su primera encarnación en la Tierra.

Graciela entendió por qué su cuerpo emocional no estaba lleno de ataduras y lazos como los demás seres humanos. Esto quería decir que no traía karma.

Los niños de cristal no tienen consciencia individual sino colectiva. Esto es muy difícil de entender, pues todos pensamos, sentimos y actuamos a partir de nuestra individualidad. La consciencia colectiva consiste en sentirse unido con todo, en no sentir separación.

Para esta muchacha era difícil actuar así con consciencia individual, y al no poder hacerlo, actuaba «de manera diferente». Le diagnosticaron problemas de conducta y rasgos autistas.

Se les llama niños cristal porque sus cuerpos parecen hechos de cristal y porque traen una consciencia crística, es decir, no sienten separación con nada ni nadie.

En estos tiempos tan revueltos en nuestro planeta necesitamos trabajar a nivel colectivo. Ya no funciona pensar solamente en nosotros mismos. Todo lo que afecte a una parte del planeta nos está afectando a todos.

Estas almas «cristal» vienen precisamente a enseñarnos eso, y solamente así podremos vivir en un mundo mejor.

Esta niña nació en esta familia, pues por medio de su presencia los padres tenían que cumplir una misión.

Desde esa ocasión, cada vez que ella necesitaba comunicar algo a sus padres, pedía ver a Graciela para que le diera un masaje. Esto es un ejemplo muy claro de un alma fami-

liar. La niña tenía que nacer dentro de esta familia para
que los padres cumplieran una función.

Cómo se presentan las almas familiares

Siempre he tenido la sensación de que los hospitales psi-
quiátricos están llenos de personas con poderes paranor-
males.

La sociedad está tan cerrada al mundo espiritual y hemos
caído en un abismo tan materialista que parece no tener fondo. Este tipo de personas, que traen estos dones, están terriblemente incomprendidas y lo más fácil es encerrarlas en
manicomios, pues sirven como un espejo para mostrarnos lo
que no hemos querido conectar: nuestra espiritualidad.

Cuando en alguna familia nace un miembro con esquizofrenia, o cualquier otra enfermedad mental, es un alma
que estableció un contrato con ellos para mostrarles o ense-
ñarles tolerancia, y que no sólo existe lo que vemos, sino
que también hay muchas dimensiones y seres que pertenecen a cada una de ellas. Dependerá del libre albedrío y
evolución de cada uno de los miembros de esa familia si
aprenden la lección o no a través de esa alma familiar.

Otro ejemplo sería cuando una pareja decide adoptar a
un bebé; a pesar de que no sean padres biológicos, estas
almas hicieron un contrato para vivir diferentes experiencias.

Un caso interesante es el de un hombre que perdió a su
padre antes de cumplir un año de edad. Cuando el padre
bajó al sótano a encender el calentador de gas, éste explotó,
hiriéndole en la cabeza con un pedazo de hierro y matán-
dolo al instante.

Muchos años después, al crecer el hijo, contactó con una
persona que podía ver vidas pasadas y le informó que él

había vivido en las cruzadas y que fue asesinado por un hombre de un hachazo en la cabeza. Este personaje fue su padre en esta encarnación.

El padre al matarlo en las cruzadas creó una deuda kármica. Hicieron un contrato en esta encarnación, para darle al niño vida y así saldar su deuda por habérsela quitado antes. Después, el padre «decidió» morir de la misma forma en que había matado a su hijo, partiéndose la cabeza.

Las almas familiares son seres físicamente muy cercanos a nosotros: hijos, hermanos, padres, parientes cercanos, parejas, nietos, y necesariamente requieren haber hecho un contrato antes de encarnarse.

Si llegamos a tener varias parejas en una encarnación quiere decir que tenemos contratos con todas ellas. Nunca podemos juzgar, porque no sabemos lo que cada alma viene a aprender, aparte de que no vemos el cuadro completo, es decir, no sabemos el plan divino, tan sólo vemos a través de un pequeño agujero.

Para el alma, con que más reto represente una relación de pareja más beneficiosa será para su evolución.

Es conveniente aclarar que en nuestra familia terrestre también puede haber almas importantes, como almas gemelas o almas flama, y aunque para nuestra evolución todo es importante, este tipo de almas son especialmente un regalo.

Lo primordial no es el tiempo que las almas familiares estén con nosotros, sino el impacto y entendimiento que tengan en nuestras vidas. También es fundamental recordar que podemos tener contacto con seres de otras familias de almas a las cuales les llamo subgrupos, donde están nuestras almas familiares, pues no pertenecen a nuestra familia de almas de 144.

El lugar en los subgrupos está determinado por el nivel del alma. Cuando el alma muere regresa al espacio que tiene reservado en su colonia o grupo de almas. Estos grupos están formados por almas que están en el mismo nivel de conciencia.

PAREJAS FAMOSAS

Albert Einstein y Mileva Mari'c

Mileva era tres años mayor que Einstein y fue la primera mujer en asistir a un curso de ciencia y matemáticas. Ambos eran tímidos, taciturnos y descuidados; incluso ella cojeaba, pero esto no fue impedimento, ya que era la única que comprendía el genio de Einstein.

En 1901, ella se quedó embarazada y las familias se opusieron a su unión, pues él era judío. Cuando nació la hija ilegitima de ambos se vieron obligados a darla en adopción por ser inmoral.

Dos años después se casaron y tuvieron dos hijos más, uno de ellos deficiente mental.

Einstein, al hacerse famoso, se perdió y los abandonó de manera brutal uniéndose a su prima.

Mileva cayó en la pobreza total, pero al final a Einstein le movió la culpa, ya que cuando recibió el premio Nobel en 1921 regresó a entregar su parte a su antigua compañera, para comprobar lo que tanto se había insinuado: que Mileva tuvo mucho que ver con los descubrimientos del efecto fotoeléctrico. Él nunca reconoció públicamente que fue fruto de una colaboración entre ambos.

Éste es un ejemplo muy clásico de las almas familiares, almas que hacen un contrato para vivir como grupo un karma familiar.

Es evidente que, aparte de vivir carencias, el abandono es un tema importante en la familia, desde la primera hija que tuvieron y que dieron en adopción hasta el abandono total por parte de Einstein.

Lo más probable es que vuelvan a reencarnarse juntos para resolver lo que les quedó pendiente.

John F. Kennedy y Jacqueline Bouvier

John y Jacqueline se conocieron en una cena y, poco tiempo después, ella entrevistó a John, ya senador, para su pequeña columna en un periódico.

Se enamoraron y se casaron en una boda muy elegante a la que asistieron 1.200 invitados.

La prosperidad apareció en la familia, pues él se convirtió en el trigésimo quinto presidente de Estados Unidos y tuvieron dos hijos preciosos.

El matrimonio estuvo lleno de infidelidades por parte de él hasta que el 24 de noviembre de 1963 sucedió la tragedia: asesinaron al presidente.

Ella se quedó postrada y viuda muy joven y, pocos años después, asesinaron a su cuñado Bob Kennedy.

Jackie, aterrada, decidió vivir fuera de Estados Unidos para proteger a su familia y se casó con Aristóteles Onassis.

Tiempo después, en un accidente de aviación murió Alejandro, el único hijo varón de Onassis. El dolor era tan fuerte que Aristóteles se vino abajo hasta que murió, dejando una vez más a Jacqueline viuda.

Años más tarde murió misteriosamente Cristina Onassis, única heredera de la gran fortuna, que dejó a su hija Athina, a los pocos años de edad, huérfana... Huérfana, millonaria y heredera de todo el imperio.

Jacqueline, millonaria, pasó el resto de su vida en Nueva York hasta que murió de cáncer.

La tragedia aún no termina aquí. John-John, el apuesto hijo de Jackie, murió en un accidente de aviación con su esposa, casi recién casados. Muchos especulan que pudo haber sido un asesinato, pues John-John descubrió a los asesinos de su padre.

Este grupo de almas se reunieron como una familia para vivir la tragedia y el asesinato. Lo interesante es que después de enviudar Jackie, se unió a Onassis, otra familia plagada de tragedias para continuar el karma que no habían completado.

Capítulo 6

Alma consorte

Cuando éramos andróginos

Cuando nos encarnamos por primera vez hace mucho tiempo, éramos seres de naturaleza femenina-masculina, es decir, andrógina.

Para muchas culturas, la entidad llamada Dios siempre ha tenido las dos polaridades: padre-madre. Cuando una religión acepta una sola polaridad, al padre se le suprime su lado femenino y esto produce un desequilibrio, que da lugar a una institución machista y fundamentalista.

Esto nos aleja del verdadero origen donde todo tiene su lado masculino y femenino.

El planeta Tierra es el lugar dentro del Universo donde venimos a experimentar la dualidad, ya que la creación es una mezcla de energías en diferentes niveles.

Todos fuimos creados a imagen y semejanza de Dios, es decir, de energía de la sustancia de la fuente. Somos chispas de luz, pequeñas partículas de la vasta luz que llamamos Dios, con una parte femenina y otra masculina.

Hay evidencias de experimentos que nos están llevando a la conclusión de que estamos creando el Universo conforme vivimos y agregando a lo que ya existe. En otras palabras, parece que somos la misma energía que forma el cosmos, así como los seres que lo experimentamos. Esto se debe a que somos «conciencia» y ésta es del mismo material del que está hecho el Universo. Es la esencia de la teoría del quantum según los estudios de John Wheeler.

Por tanto, las familias de almas que se mueven a través de la creación son parte de esa polaridad positiva-negativa. Al bajar a esta tercera dimensión experimentamos la dualidad.

Como almas, decidimos bajar nuestras frecuencias vibratorias hasta llegar a esta dimensión, que es muy densa.

Aquí podemos experimentar una amplia serie de experiencias y posibilidades que, en una dimensión más alta, sería imposible.

El origen

Se cree que nuestra primera incursión en un cuerpo físico encarnado tuvo lugar en el continente de Lemuria, hoy islas del Pacífico. Ésta fue la cuna de la primera civilización humana en la Tierra.

Cuando nos encarnamos por primera vez éramos conscientes de nuestra naturaleza andrógina, es decir, mitad hombre y mitad mujer.

En esta época aún no aprendíamos los celos ni las posesiones, sólo creábamos y experimentábamos amor. Nuestro cuerpo físico era más sutil, menos denso, éramos seres más espirituales.

Posteriormente se formó la civilización de la Atlántida, y sus habitantes decidieron experimentar con la genética creando seres híbridos, mitad humanos y mitad animales, como los centauros.

No satisfechos con estos experimentos decidieron seguir con los humanos andróginos y separarlos en dos: hombre y mujer.

Para la mayoría de nosotros, el recuerdo de esa separación es todavía muy doloroso emocionalmente, tanto, que la tenemos grabada a nivel celular. El dolor tan profundo de separarnos de nosotros mismos está en nuestra memoria.

Es por eso que, encarnación tras encarnación, buscamos a nuestra «media naranja», pues deseamos recuperar esa parte perdida.

Hemos oído tantas veces la historia de Adán y Eva que tal vez no hemos tomado conciencia de su significado real. Claramente nos están contando la historia de nuestra separación como andróginos; a Eva la sacaron de la costilla de Adán.

También la mitología griega cuenta la historia de que Zeus separó a los andróginos, pues daban muchos problemas por su vigor y fuerza y, como evidencia de esta separación, quedó el ombligo.

Zeus se dio cuenta de que la vida era verdaderamente imposible para cada parte; tanto al hombre como a la mujer le faltaba la otra mitad.

Cada vez que se encontraban, se abrazaban fuertemente sin separarse hasta morir de inanición. Zeus se compadeció de ellos y los dotó de un órgano sexual en la parte delantera que permitía el apareamiento y la satisfacción sexual. Finalmente, los repartió por todo el mundo para que no fuera fácil encontrarse.

Platón también escribió acerca de los andróginos describiéndolos y aconsejándonos pedir a Dios su benevolencia para encontrarnos con la mitad de nosotros mismos.

Estamos viviendo tiempos muy especiales y benditos, aunque parezca lo contrario.

A veces, las circunstancias nos hacen pensar que todo es un caos y que la negatividad y la maldad reinan en el planeta.

Pero todo es un proceso de depuración y limpieza para que todas las almas sigamos evolucionando.

En estos tiempos de grandes tribulaciones, las almas importantes van a empezar el lento proceso de reunión. Esto está sucediendo a una escala masiva.

Lemuria o Mu

Aunque se cree que la primera civilización que existió fue Lemuria o Mu, algunas fuentes dicen que hubo dos civilizaciones anteriores: Pangea, en la que todos los continentes estaban unidos, e Hiperbórea, que se encontraba en el polo Norte y Groenlandia, y cuando acaeció la primera era glacial todo se quedó cubierto de hielo. Se supone que los habitantes de estas dos civilizaciones aún no tenían un cuerpo físico; sus cuerpos eran de energía muy sutil.

En la Biblia hablan del «Jardín del Edén» y algunos antropólogos han llegado a la conclusión de que se trataba de Lemuria o Mu.

Fue un continente enorme ubicado en el océano Pacífico, entre América y Asia.

Todas las islas que existen hoy en el Pacífico formaban parte de este continente.

Abarcaba desde el norte de Hawai hasta las islas de Pascua; era una tierra tropical de grandes planicies, un gran número de ríos y lagos, y mucha fauna y flora, pero no tenía montañas. La temperatura era muy agradable, no había cambios bruscos.

Cuando la población aumentó demasiado se crearon las colonias. Esto tuvo lugar 70.000 años antes de que se hundiera. Las colonias más importantes fueron Nevada, el valle de México, Yucatán, Centroamérica, Perú y, por supuesto, la Atlántida.

Las grandes civilizaciones como la India, Egipto y Babilonia fueron parte de sus colonias, aunque más recientes que las anteriores.

El continente tenía siete ciudades principales llenas de palacios y templos de piedra. Los habitantes se cubrían de joyas y piedras preciosas, ya que los cristales o cuarzos sirven para amplificar el pensamiento. Con la caída de la conciencia se nos olvidó y le dimos sólo un valor material.

Lemuria y sus colonias formaban una civilización muy avanzada; había grandes arquitectos y navegantes que viajaban por toda la Tierra. Los constructores estaban en armonía con el entorno y la naturaleza. Creaban música a partir de los sonidos que hacen los planetas y el Sol al moverse, de ahí lo que ahora llamamos el sonido de las esferas.

Entre los habitantes había diez tribus o razas. Se cree que eran gigantes, ya que medían más de 2 metros; existían todas las razas conocidas hoy, además de otras dos que se extinguieron: la anaranjada y la violeta.

Lao Tse, en 600 a.C., ya hablaba de esto, lo mismo que Solón y Plutarco.

Se cree que los lemures hablaban maya, y de ahí se deriva el griego.

Los habitantes vivían en estado de perfección y equilibrio, y la forma física reflejaba perfectamente el alma, es decir, que eran andróginos.

Vivían en comunión con todo a su alrededor, flores, árboles o animales; podían percibir y sentir las vibraciones de todas las cercanías. Los pensamientos eran de elevadas vibraciones y se comunicaban por telepatía.

La consciencia no era individual, sino colectiva; todo lo hacían en grupo, con lo que creaban una energía mayor; al meditar, la comunidad se convertía en una mente. Tenían el poder de materializar lo que deseaban. Además, no había muerte física, el alma abandonaba el cuerpo para regresar al astral cuando lo deseara, como hacen hoy en día los yoguis o los santos.

Cataclismos

Algunos arqueólogos hablan de que hubo cuatro cataclismos aparte de algunos más pequeños. Los importantes tuvieron lugar hace ochocientos mil años, doscientos mil, ochenta mil y el último entre doce y ocho mil años.

Cuando se estaban formando los cinturones de gas que se encuentran debajo de la Tierra y más tarde explotaron, se formaron las cordilleras de las montañas al chocar las placas tectónicas.

La mayoría de las personas que vivían en las planicies murieron debido a los terremotos y la erupción de volcanes; se produjeron hundimientos de pedazos importantes de tierra, ya que fue arrasada por olas gigantescas. La actividad volcánica que hundió a Lemuria o Mu fue una etapa preparatoria para el surgimiento de las montañas.

Sesenta y cuatro millones de personas murieron en Lemuria.

Algunos riscos y cumbres permanecieron fuera del agua, y hoy en día se les conoce como las islas del Pacífico o mares del sur. El enorme espacio que se tragó la tierra hoy se llama irónicamente océano Pacífico.

Se cree que el continente se dividió en tres territorios separados por estrechos mares y canales. Los pocos humanos que sobrevivieron se quedaron aislados, sin comunicación y comida, y poco a poco se fueron convirtiendo en salvajes hasta llegar al canibalismo.

El último hundimiento, que se produjo hace entre ocho o doce mil años, es lo que se describe en la Biblia como el «diluvio», en el que Noé creó su arca.

Hay historias del mismo diluvio en Escandinavia, China, Grecia, Babilonia, India, México, Perú y las tribus de Norteamérica.

Las colonias poco a poco también fueron decayendo a falta de la madre tierra que fue Lemuria.

La Atlántida

La Atlántida fue un continente que abarcaba desde Islandia hasta Río de Janeiro y las costas de África. En la antigüedad se le llamaba El Continente de Saturno. Al igual que la tierra madre Lemuria, también tenía siete ciudades importantes.

Platón escribió en *Timeus* que una pirámide en México era exacta a otra en la Colina Sagrada de Atlántida sobre la que se construyó el templo de Poseidón.

Supuestamente, los toltecas, que vivieron hace 850.000 años en la Atlántida, tuvieron gran poderío y gloria; su gobierno fue justo y benéfico. Miles de años más tarde, gobernaron México y Perú.

Desde la época de Lemuria existían contactos con los extraterrestres, pues ellos trajeron a la tierra la alta tecnología, el arte y la espiritualidad. Se dice que nuestro cerebro de reptil es la herencia de la mezcla con los extraterrestres.

La Atlántida estaba muy influenciada por la tecnología; los atlantes empezaron a adorar la tecnología y los valores materiales, frente a Lemuria, que era la cuna de la espiritualidad. Se fue perdiendo la consciencia colectiva y se formó el ego o la individualidad y a eso se le conoce como el «pecado original».

Esto dio lugar a un sentido de superioridad y al anhelo de esclavizar a los más débiles. Se creó la sociedad y las jerarquías, y es aquí cuando se destruyó la armonía con el TODO.

Al destruirse la conciencia colectiva, afectó a la naturaleza, ocasionando un desastre, pues la Tierra inmediatamente respondió. El consejo de ancianos se reunió y votó para hacer un experimento: separar a los andróginos en hombre y mujer.

El materialismo y el ego se estaban extendiendo rápidamente y algo se tenía que hacer; se tenía que dar prioridad a la espiritualidad en los humanos. El experimento de la separación de hombre y mujer tardó cientos de años en ser perfeccionado.

La separación fue un intento final para vencer el egoísmo y servir al prójimo, y de esta manera, mantener la mentalidad andrógina. Esta operación nos desconectó de nuestro cuerpo de red, de la divinidad que hay en nosotros. Por primera vez sentimos el miedo a la muerte, tuvimos problemas de identidad, creamos ataduras en nuestro cuerpo emocional, dependencias sexuales, etcétera. Y así nació la violencia, la frustración, la ira y la ansiedad.

La espiritualidad y el culto fueron decayendo y degradándose hasta llegar a los sacrificios humanos, mientras que en los tiempos de Lemuria, las ofrendas eran flores y frutas.

Cuando perdieron su conexión psíquica, cayeron en la superstición, la ignorancia y la magia negra.

Sus conocimientos de las leyes naturales ya no les servían de nada, pues la naturaleza ya no respondía, y los animales, que se crearon para auxiliar al hombre también se contagiaron y se volvieron salvajes. Los pocos que se salvaron, emigraron a varias colonias, entre ellas Egipto, que era de las más recientes y llevaron consigo información para que quedara constancia de Atlántida. Sin embargo, existe más información de Lemuria, ya que fue la madre de todas las civilizaciones posteriores.

Así cayó la consciencia del ser humano después de haber vivido en el paraíso del Edén.

Alma consorte: nuestra otra mitad

El alma consorte es la extrema experiencia divina, nuestra otra mitad, es decir, quien realmente somos.

Aun cuando llevamos vidas preparándonos para este evento, la gran dicha que se siente cuando dos almas consorte se encuentran es abrumadora, incluso para los maestros ascendidos, es decir, para seres que han evolucionado y viven en dimensiones de frecuencias más altas.

Para la mayoría de los humanos existe mucha incredulidad de que este evento suceda porque desafortunadamente casi siempre nos hemos relacionado con almas espejo que nos vienen a mostrar nuestra sombra: la parte de nosotros que no hemos resuelto.

El alma consorte es la chispa que salió del madre-padre-Dios que decidió encarnarse como andrógino para después ser separados como hombre y mujer.

En alguna encarnación probablemente nos hayamos encontrado con algun alma más afín a nosotros, como un alma gemela, pero estos casos son contados teniendo en cuenta la gran cantidad de almas que estamos encarnadas en este planeta, aunado a que es una prioridad para el alma saldar karma y así dar un paso más en su evolución.

Pero afortunadamente nos encontramos, de vez en cuando, con nuestra alma consorte, la otra mitad, que es un regalo y un respiro de aire fresco en nuestras vidas, ya que de otra forma la vida sería intolerable. Vale la pena la espera de este momento tan especial aun cuando creamos que será inconcebible.

Para aquellos que rehúsan aceptarlo o creerlo, lo único que están haciendo es prolongar su avance, pues muchas ascensiones están enlazadas a la reunificación con el alma consorte.

Para conectar con este ser, que es la otra mitad de uno mismo, se requiere un trabajo diario.

Con que más emociones negativas se tengan, menos resuelto se estará a nivel emocional y menos probabilidades se tendrá de encontrarlo, pues la prioridad a nivel inconsciente será atraer parejas que ayuden a resolver sirviéndote de espejos.

En la Biblia, a este ser, también se le llama «el consorte»; por eso mismo, erróneamente, la religión católica cuando dos personas se unen en matrimonio, el sacerdote dice: «Lo que Dios ha unido, el hombre no lo puede separar». En realidad se está refiriendo a este tipo de almas, ya que están unidas en todos sus chakras por lazos de amor; lazos de vibraciones muy altas que no se pueden separar, cortar o destruir. Están unidas por la eternidad, pues es aquella mitad de la cual, al principio de los tiempos, fuimos separados.

El trabajo energético y espiritual que se hace, ya sea negativo o positivo, va a tener un impacto en el alma consorte. La misión que desarrollen en una vida será una y la misma; la responsabilidad está igualmente repartida por ambos.

Cada persona experimenta una situación única: por lo que ha vivido en encarnaciones pasadas y por su karma, por tanto, la reunión con su alma consorte puede ocurrir de formas diferentes, ya que ambos han vivido una extensa serie de experiencias para aprender antes de estar listos para encontrarse.

Estos obstáculos pueden ser la edad, el país, el estado civil, las creencias, los vínculos familiares, etcétera, es decir, una relación así es difícil de concretarse. Cuando se reconocen, muchas veces pertenecen a otra religión, país o edades diferentes, y, sin embargo, *saben* que se trata de su alma consorte.

Muchos de nosotros sabemos en el fondo que existen estas relaciones divinas. Es muy probable que en alguna encarnación hayamos compartido con nuestra alma consorte una vida en la Tierra.

Aunque cada situación es diferente para cada individuo, nunca nos darán algo que no podamos manejar, por ejemplo, si uno de ellos está felizmente casado, las almas consortes se pueden comprometer a nivel energético. Mientras trabajan aquí, ningún alma de este tipo va a interrumpir una relación armoniosa de otros, ya que sólo quiere lo mejor y está dispuesto a esperar por el tiempo divino.

Hay muchos maestros ascendidos que se están preparando para unirse con sus almas consortes y volver a ser andróginos, aunque no siempre es una decisión fácil, pues tiene que renunciar a su individualidad. Eso sólo sucede en la séptima dimensión, ya que no se puede ascender a dimensiones más altas si no están unidas las polaridades femeninas y masculinas o ying y yang.

PAREJA FAMOSA

Abelardo y Eloísa

Abelardo y Eloísa fueron una pareja medieval que perteneció a la Francia del siglo XII. Esta relación se conoció a través de la correspondencia que se intercambiaban relatando sus infortunios, los cuales fueron una lucha constante entre el cuerpo y el alma, la carne y el espíritu. Abelardo era un joven apuesto e inteligente, dedicado a la filosofía. Llegó a París y allí se construyó una brillante reputación hasta llegar a ser el máximo maestro en lógica de su tiempo.

A principios de ese siglo, en Europa, estaban apareciendo las semillas del Renacimiento. La mujer de las clases aristocráticas, con un comportamiento sexual menos reprimido de lo que a veces se piensa de la Edad Media, comenzó a sentir interés por la cultura y deseaba ocupar un puesto en la vida social. Éste era el caso de Eloísa, una joven bella y culta, sobrina de Fulberto, un canónigo de la catedral de París. Al morir sus padres, él la adopta convirtiéndose en su tutor. No es de extrañar que Fulberto deseara un matrimonio nobiliario para su sobrina y le procuró la mejor educación a su alcance. Éste solicitó los servicios del afamado Abelardo como mentor de su sobrina. Abelardo alquiló una habitación en casa de Fulberto a cambio de darle clases a la joven Eloísa, y así, poco a poco, comenzó la pasión y la tragedia.

En 1114, Abelardo triunfó en la escuela catedralicia de Notre Dame como maestro laico, pero, perseguido por la envidia debido a su brillante inteligencia, se aprovecharon de los rumores de su relación con Eloísa y lo echaron de la escuela.

El romance duró varios años hasta que Eloísa quedó embarazada y Fulberto, al enterarse, furioso, los obligó a separarse. Eloísa escribió a Abelardo para darle la noticia de su embarazo. Éste la raptó y huyeron de París; meses después nació Astrolabio, el bebé. Decidieron ponerle este nombre porque ella se había quedado embarazada mientras estaba en clase aprendiendo el uso del astrolabio (un instrumento de medición astronómica).

Abelardo, para compensar la vergüenza de Fulberto, decidió casarse con Eloísa sin consultárselo a ella. Eloísa estaba abierta y públicamente en contra del matrimonio, pues lo consideraba signo de posesión y contrato, pero, por amor a Abelardo, aceptó sin estar de acuerdo.

Después de la boda, Abelardo llevó a Eloísa a la abadía de Argentuil y la dejó allí. Su tío Fulberto pensó que era una trampa de Abelardo para deshacerse de Eloísa, y una noche, mientras Abelardo dormía, lo mandó castrar.

Abelardo tomó los hábitos y se convirtió en el filósofo de Dios; tiempo después, se le prohibió la enseñanza.

Se escribieron cientos de cartas durante más de veinte años. Ella le pidió palabras de amor y consuelo, pero Abelardo sólo le hablaba del amor a Dios; no consiguió que le hablara como amante.

Sólo hay una carta conocida de Abelardo a Eloísa, donde, por primera vez después de muchos años, se expresó íntimo y cálido.

La vida de Eloísa comenzó cuando lo conoció y se marchitó en el momento de separarse.

Cuando Abelardo murió, Eloísa logró trasladar sus restos hasta Paracleto, donde les dio sepultura. Veinte años después murió Eloísa y dispuso que fuera enterrada en el sepulcro de su amado, donde plantó un rosal que los cubriría.

En 1817, los restos se trasladaron a una fosa común en el cementerio de Père Lachaise en París. Hoy reposan en un mausoleo neogótico donde reciben el tributo de amantes anónimos que depositan flores sobre la lápida durante todo el año.

Después de leer esta trágica historia uno se preguntará por qué cuando dos almas tan importantes se encuentran es tan difícil que estén juntas.

Evidentemente tiene mucho que ver el karma de vidas pasadas que no se había limpiado, pero, además, también murallas invisibles que los propios humanos nos ponemos, como el miedo, la cobardía y la apatía.

A la mayoría de los seres humanos les da muchísimo miedo ser felices; estamos tan acostumbrados al desamor y al dolor, que la felicidad nos es extraña y ajena, y cuando estamos a punto de encontrarla, salimos corriendo debido al pánico.

Señales que deben reconocerse

Las almas consorte son las almas que viajan a través del tiempo y el espacio para encontrarse como seres humanos en un punto geográfico y en el momento adecuado. Infinidad de veces nos preguntamos por qué nos cuesta tanto trabajo encontrar a ese ser tan especial. Es muy probable que sea por nuestra amnesia al adoptar un cuerpo humano, aunado a la enorme cantidad de capas emocionales sin resolver y con las que cargamos.

Ambas cosas nos dificultan enormemente el encuentro con nuestro verdadero «consorte».

Una señal importante es la mirada. Se dice que los ojos son las ventanas del alma, que el conocimiento espiritual está guardado en ellos. Aunque las almas pueden guardar en su memoria aromas y sonidos, los ojos son bastante más importantes.

Cuando encontramos a un alma relevante, recibimos señales como un gesto, un olor o un sonido, pero las podemos perder a causa de un excesivo análisis.

El sexo puede ser una trampa muy engañosa, más aún en estos tiempos, cuando se usa sin el menor recato y pudor. Podemos sentirnos sexualmente atraídos a alguien, pensando que es nuestra otra mitad y, en realidad, es un vil espejo de nuestra sombra o parte oscura.

Afortunadamente, en el transcurso de una vida tenemos varias posibilidades, algunas más factibles que otras. El libre albedrío, es decir, la posibilidad de escoger, está relacionado con todo ello.

De todas maneras, el alma con la cual nos encontramos, ya sea un espejo o nuestra otra mitad, es igual de beneficiosa, porque aprenderemos. Sin embargo, sería triste y doloroso para el alma dejar pasar la oportunidad de encontrase con su alma consorte por no haber reconocido las señales o por emociones no resueltas.

«El matrimonio celestial se forma antes de que el cuerpo de luz del alma-espíritu sea transpuesto a los mundos físicos. Un arreglo santo instituido por Dios» (Gen. 2:22-24, Gen. 1:27-28).

«Dos seres que se combinan en un ser santificado en los mundos moradas del padre en la vida superior» (Os 2:16-20).

Cuando entramos en un estado alterado de conciencia, que está totalmente fuera de nuestra normalidad, es para recordarle al hombre que el espíritu es TODO y al mismo tiempo UNO; es decir, aquí y en todos los lados, incluido el cuerpo humano.

Hay investigaciones que sugieren que el efecto red de los estados alterados, también llamado «experiencias pico», aceleran el desarrollo de la conciencia a través de varios estados de crecimiento. No hay evidencias de que estos estados nos permitan subir escalones de crecimiento; sin embargo, aceleran el desenvolvimiento. Simplemente porque mientras más nos sumergimos en lo divino a través de los estados alterados, así como del sexo trascendental (ir a través o romper), más vamos a crecer hasta el punto de mantener esa conciencia de lo divino de un modo permanente.

Mientras más experiencias simples y accesibles tengamos sin salirnos del aquí y ahora, más nos acercaremos a la puerta de lo divino.

Cuanto más nos conectemos con el océano o río del espíritu (océano de la bienaventuranza), más moriremos al pequeño yo, al ego, a lo finito, a lo limitado, para encontrar nuestra verdadera naturaleza.

Cuando un ser humano tiene sexo trascendental con algún alma importante, que no necesariamente tiene que ser el alma consorte, aunque ayudara más si lo fuera, se produce un éxtasis mil veces más poderoso que el más exquisito orgasmo; es tan espectacular que literalmente es una experiencia religiosa. Es un amor que empieza en la sensualidad y termina en Dios. El cuerpo tiene descargas extremadamente placenteras y deliciosas de energía, llamadas bienaventuranza o embeleso. Como si sólo quedara un fragmento de la conciencia individual y el resto entrara en Dios, en el vacío, brillando y experimentando con él.

Esta experiencia la crean los dos amantes al unir sus energías haciendo el amor y no necesariamente la viven los dos al mismo tiempo.

Para la mayoría de las personas que han experimentado esto, el orgasmo está completamente ensombrecido por el placer de este evento trascendental, y la mayoría de las veces es tan poderoso que los amantes no se dan cuenta de si han tenido un orgasmo.

El cuerpo humano tiene meridianos femeninos y masculinos. La persona primero tiene que conectar ambos meridianos en su cuerpo y, posteriormente, conectarse a los meridianos femeninos y masculinos con el cuerpo de su amante para completar el circuito. Finalmente, se tiene que mover esta energía hasta el chakra de la corona para completar el circuito con el alma universal. En este momento han trascendido las polaridades femeninas y masculinas de la «no dualidad». Han llegado a nirvana, se han convertido en andróginos.

La presencia alquímica que se produce como fruto de la unión de los dos amantes es DIOS.

El viaje espiritual del amor se trata de transformación; venimos a entender lo ilimitado y esto nos cambiará para siempre.

El amor físico puede transformar la conciencia colectiva, pues no olvidemos que, finalmente, todos somos uno.

Cuerpo de red

Algunas filosofías orientales nos han hablado de que el ser humano tiene siete cuerpos: el cuerpo físico, que es el único visible y obviamente el más denso, y seis cuerpos energéticos adicionales.

A través de mi clarividencia, me atrevo a decir a día de hoy que tenemos sesenta cuerpos, y digo hasta hoy porque sospecho que tenemos más, tal vez seamos infinitos.

Entre esos sesenta cuerpos hay uno que se encuentra en frecuencias vibratorias muy altas al cual le llamo «cuerpo de red».

La primera vez que contacte con él, tuve una revelación clarísima de la consciencia crística, pues este cuerpo ES la conciencia crística.

En el transcurso de veinticuatro horas, los humanos pasamos por un ingente número de estados de consciencia: miedo, alegría, ira, preocupación, amor. Es muy difícil llegar a estados de consciencia de muy alta vibración y más aún que se pueda sostener por un tiempo prolongado. Tal vez en momentos de meditación profunda podamos tocar el cuerpo de red durante algunos segundos y regresemos a nuestro estado rutinario. Este proceso se parece al juego de una pelota de ping-pong.

Muchos hemos vivido momentos de gran gozo en los que sentimos que no hay separación, que todos somos uno y ese recuerdo maravilloso lo guardamos en nuestra memoria anhelando volver a sentirlo.

Sólo unos pocos privilegiados como Jesús «El Cristo», Buda y santa Teresa de Ávila, entre otros, han podido sostener esa vibración y vivirla de forma permanente.

En 1800 a este cuerpo se le llamó «campo etérico». Es probable que le hayan llamado así porque está hecho de *prana*, *chi* o éter: la energía universal. Yo, personalmente, lo veo como una gran red de filamentos o hilos delgados de energía blanca muy brillante. En la Biblia a este cuerpo le llaman la túnica sin costuras.

El cuerpo de red es un cuerpo de energía en el que todo, absolutamente todo en la creación, está conectado. Con esto me refiero a los seres vivos, a los inanimados y al Universo.

Esta red está formada como un holograma, es decir, cada parte, por pequeña que sea, alberga el infinito. Cada punto tiene el potencial de contener toda la información en él.

Todos los puntos de la red son hologramas, y a partir de ahí se va formando el Universo: planetas, sistemas solares, galaxias, y a nivel inferior: células, átomos, etcétera.

Este cuerpo contiene una infinita conectividad con todo lo demás, contiene la totalidad: la mente de la naturaleza, la mente de Dios, nuestra mente.

Mediante esta red conectamos con las emociones de nuestro corazón; tal vez por eso muchas veces podamos «sentir» lo que alguna persona cercana a nosotros está sintiendo. La telepatía, por medio de estos filamentos de energía, nos transmite instantáneamente los pensamientos de otra persona.

Es también en este hilado donde se transciende el tiempo y el espacio. Éstos se unen, por tanto, no existen.

Cuando caímos en consciencia, bajamos nuestras frecuencias vibratorias para adecuarnos a esta tercera dimensión. Perdimos todo contacto con este cuerpo de red y descendimos a lo que los hindúes llaman «maya», la ilusión de sentirnos separados del entorno: perdimos nuestra sintonía con la naturaleza.

La idea de que somos un «yo» individual y que podemos actuar de manera independiente sin alterar nuestro entorno es posible por no estar conectados con este cuerpo.

El cerebro recibe millones de señales cada minuto y nosotros las organizamos en hologramas que proyectamos al exterior, y a esto le llamamos «realidad». Por tanto, la realidad no está fuera.

A simple vista hay más separación entre las personas que entre los electrones.

Todo está interconectado, la realidad individual es una ilusión, ya que nuestra mente tiene una percepción limitada y no podemos percibir el infinito.

Nuestros cerebros toman información y le dan forma, recibimos datos que convertimos en una imagen y los pasamos por nuestro sistema de creencias, conscientes o inconscientes. El cerebro, en una décima de segundo, junta la información y dice: así es la realidad.

A partir del flujo infinito de energía, cada uno crea su propia realidad y la mayoría de la gente no es consciente de ello. Toda materia es sólo energía condensada en una vibración.

Así se comprueba que la «teoría del caos» o el efecto mariposa es cierto: una pequeña influencia en el sistema puede causar una reacción global, modificando la realidad.

Según el tantra, cuando Shiva y Shakti hacen el amor, sudan, y las gotas de sudor, que parecen diamantes, al caer se convierten en universos multidimensionales y todo esto gracias a la pasión y fuerza creativa del amor.

En realidad, este cuerpo de red es el amor, el tejido eterno y fundamental del Universo donde todo está conectado.

Por tanto, liberarnos de las ataduras del karma significa darnos cuenta de la unidad.

Capítulo 7

Alma flama

Diversos tipos de amor

Tatiana, después de la muerte de su pareja y de varios intentos de amores frustrados, pensaba en lo difícil que era encontrar a alguien que simplemente la pudiera acompañar, caminar juntos en la vida y hacerse la existencia más agradable.

Recordaba con gratitud la relación que tuvo con Baltasar, su alma gemela, una relación de luz y armonía. La gente que había sido testigo de esa relación solía decirle que ya había vivido el amor, que sólo pasaba una vez en la vida, pero algo en su interior le decía que no.

El amor es como un árbol con muchas ramas, por tanto, vivimos diversos tipos de amores. Jamás ninguno va a ser igual, ya que cada uno nos viene a enseñar diferentes cosas.

También se preguntaba constantemente si veníamos a la Tierra a aprender el amor o el desamor. La mayoría de los seres humanos sufren intensamente por esto. Incluso la mayor parte de ellos se quedan tan dolidos que no quieren ni siquiera abrirse a experimentar el amor por miedo a salir lastimados una vez más. Esto resulta terrible, pues se pierden tal vez algo maravilloso de la experiencia de vivir.

Tatiana era una romántica que todavía creía en el amor. Estaba reponiéndose de la muerte de Baltasar cuando una amistad le llamó para pedirle cita, pues un amigo que estaba en la ciudad quería conocerla para hacerse una curación, ya que ella era terapeuta.

Tatiana, con cierta desgana y apatía, le contestó que revisaría su agenda; no estaba muy segura de si quería recibir gente y menos a un desconocido. A regañadientes le dio la cita para el día siguiente.

Esa mañana, mientras se bañaba, pensaba un poco molesta por qué había accedido a la cita, si realmente no quería hacerlo.

En eso estaba cuando escuchó unas voces que la sacaron de sus pensamientos. Se trataba de la visita, que ya había llegado y la estaba esperando. Salió de la ducha, se vistió rápidamente y entró en la sala para encontrarse con él.

Cuando se dieron la mano y se miraron a los ojos fue un reconocimiento inmediato de almas, un encuentro muy fuerte.

Pasaron a la habitación donde ella aplicaba sus terapias y le pidió que se quitara el reloj y los zapatos para acostarse en la camilla. Cuando inició la curación, Tatiana empezó a sudar mucho debido a la enorme energía de este hombre; él constantemente le preguntaba si habían estado juntos en otra encarnación, lo que evidentemente era cierto.

Cuando terminó la terapia, Tatiana estaba empapada en sudor. Él se despidió pronto, pues tenía que tomar un avión e intercambiaron sus teléfonos para seguir en contacto.

Tatiana se quedó muy inquieta y preguntándose quién era este personaje.

Durante un tiempo intercambiaron conversaciones por correo electrónico y decidieron volver a encontrarse.

Pasaron una semana juntos y Tatiana descubrió que tenía poderes psíquicos como ella. En esos días se contaron su vida, meditaron, cocinaron, se realizaron curaciones mutuamente y descubrieron que los unía un lazo de amor en el chakra del corazón.

Esto confirmaba las teorías de Tatiana de que existían esas almas especiales unidas por conexiones de amor.

La última noche antes de que él regresara a su país, hicieron el amor hasta llegar a estados alterados de conciencia. Esto era nuevo para Tatiana, pues nunca lo había experimentado; había leído algo del tao y del tantra pero nunca lo había vivido en carne propia.

Sintió como si todo se convirtiera en luz, incluida ella misma, y percibió descargas de energía sumamente agradables por todo el cuerpo. Esta sensación, que le duró meses, la mantuvo en un estado de gozo constante.

Es aquí cuando se dio cuenta de que en realidad esto significaba hacer el amor.

Agradeció al Universo esta experiencia bendita, casi religiosa.

En cuanto a este personaje, se volvieron a encontrar esporádicamente, siempre en encuentros agradables. Lo que le vino a enseñar a Tatiana es que el tiempo y la distancia no existen, y mucho menos cuando están unidos por un lazo de amor de corazón a corazón, ya que el amor es eterno.

Descripción de alma flama

En aquel experimento de Lemuria, el consejo de ancianos se reunió para votar a favor de éste, pues era necesario a los ojos de la deidad. El experimento consistía en separar a los andróginos, es decir, convertirlos en un hombre y una mujer.

Se dice que cuando sucedió esta separación, la primera relación que se tuvo con otro ser (aparte del alma consorte) fue con nuestras almas flama. En esa época vivíamos y experimentábamos sólo el amor, pues teníamos una conciencia colectiva. Este amor puro fue el que formó un lazo uniendo los corazones de las almas flama.

Estas almas han sido flamas casi desde el principio de los tiempos y han trabajado extremadamente cerca el uno del otro en diferentes dimensiones.

Existen siete almas flama a las que cada uno de nosotros estamos conectados.

Aparte de nuestra alma consorte, es decir, nuestra otra mitad, éste es el lazo de amor más fuerte que tenemos con otro ser.

Es tan fuerte esta conexión que en cualquier grado de evolución que uno se encuentre, tenemos la habilidad de reconectarnos con los siete únicamente con la intención. Incluso estas almas nos pueden ayudar en nuestra iluminación.

Este lazo de amor estará ahí para siempre, ya que uno nunca olvida esta experiencia.

Las siete flamas pueden ser de ambos sexos, y no necesariamente todos están encarnados al mismo tiempo. Se pueden dar relaciones homosexuales entre estas almas. Por eso mismo no podemos juzgar, ya que cada alma viene a aprender para evolucionar. La relación entre flamas se mueve más allá de la sexualidad humana, ya que es una devoción trabajar juntos. Con esto quiero decir que no sólo los une una atracción sexual, sino también un lazo muy profundo que tiene diversas facetas.

Dentro de la historia de la humanidad ha habido relaciones de almas flama que son un gran ejemplo de amor para todos. También hay recuerdos muy tristes de ruptura entre ellas.

Desgraciadamente, como humanos se nos olvida que el amor es para siempre y nada ni nadie los puede separar. La separación es sólo una ilusión temporal. Éste fue el resultado del experimento que hicieron en la Atlántida. Cuando los individuos empezaron a pensar por separado unos de otros, fue el principio del fin de la sociedad. En ese instante perdimos la conciencia colectiva.

En Lemuria, nuestra comunicación era por telepatía; cuando nos separaron, empezamos a usar las palabras para comunicarnos, lo que resultó difícil.

Al separarnos y convertirnos en hombre y mujer, tuvimos una profunda sensación de ansiedad y pérdida que nunca antes habíamos experimentado.

El ser humano sentiría los efectos de la división sexual a través de la eternidad pero, desgraciadamente, esto fue necesario para regresar a la divinidad.

A causa de esta separación desarrollamos estructuras de ego femenino y masculino y perdimos contacto con nuestra alma andrógina.

Fracasamos, pues nos sedujo la sensualidad física y abandonamos nuestros orígenes divinos.

Estas almas flama se nos presentan para recordarnos eso, nuestro propósito espiritual, ya que la existencia es una red infinita de relaciones interconectadas.

El espíritu necesita la materia para experimentar y para darnos cuenta al final de que no hay separación; todos somos uno, el amor sólo es esa energía de cohesión.

PAREJAS FAMOSAS

Richard Burton y Elizabeth Taylor

La desgracia o fortuna de Richard Walter Jenkins, el chico galés que parecía ser la promesa del teatro y la actuación británica comenzó en 1961 cuando lo llamaron para trabajar en la película más cara de toda la historia, *Cleopatra*, al lado de la actriz más bella de todos los tiempos: Elizabeth Taylor.

Para resumir su tórrida relación: una pareja explosiva, con estruendosas y violentas peleas, fiestas que terminaban en tragedias y el alcohol como compañero constante.

Dick y Liz fueron vistos por primera vez en Puerto Vallarta, donde se establecieron después, pues Liz aún estaba casada con Eddie Fisher. Allí se casaron en 1964 y su tórrido y turbulento matrimonio duró diez años. Se divorciaron en 1974 y se volvieron a casar en 1975, esta vez en África, para volverse a divorciar un año después.

Burton murió a los 84 años de un derrame cerebral.

Son el ejemplo de la «química» brutal entre un hombre y una mujer, pero también de lo difícil que es convivir cuando se unen.

El hecho de que dos almas flama se encuentren no es garantía de que sea una relación armoniosa y feliz. Tampoco significa que no haya karma compartido.

Depende del nivel de evolución de la pareja, así se vivirá la relación; sin embargo, nunca deja de ser fuerte y apasionada.

Aristóteles Onassis y Maria Callas

Durante el año 1950, Maria Callas se convirtió en la mejor cantante de ópera de todos los tiempos. Triunfó desmesuradamente en La Scala, en el Metropolitan Opera, en Dallas Opera, en Bellas Artes y el teatro Colon de Buenos Aires.

En 1957, mientras interpretaba *Anna Bolena* de Donizetti, conoció a Aristóteles Onassis, uno de los hombres más ricos del mundo. Ella se enamoró perdidamente de él y dejó a su marido Meneghini por Onassis.

En 1960, ambos tuvieron un hijo que murió pocas horas después de nacer. Callas nunca consiguió que Onassis se casara con ella a pesar de ser una mujer hermosa, con una personalidad rara vez encontrada. La relación de ambos fue terriblemente pasional y de gran entendimiento ya que los dos eran griegos.

Onassis se casó por sorpresa con Jackie Kennedy, la famosa viuda, y esto le rompió el corazón a Callas.

Pocos años después, Alejandro, el único hijo de Onassis, murió en un accidente de aviación, y éste, postrado de dolor, se deprimió, ya arrepentido de su matrimonio con Jackie. Cayó enfermo de miastemia gravis, una rara enfermedad en la que los músculos se van paralizando. Maria, discretamente, lo acompañaba en su lecho.

Onassis dejó de existir y Callas vivió sus últimos años en soledad y sufrimiento. Murió en 1977, aún joven, en París, de un ataque al corazón.

En este caso, el afán de notoriedad de Onassis hizo que se casara con la famosa y deseada viuda de Kennedy, sabiendo que ella lo hacía solamente por seguridad económica. El matrimonio fue un fracaso.

Aunque Onassis y Callas volvieron a entablar una relación, la inmadurez de él le hizo perderse la felicidad con su alma flama.

Capítulo 8

Trampas y respuestas

Muchas veces, los seres humanos creemos haber encontrado a nuestra alma gemela o alma afín con la que pensamos que seremos eternamente felices. Incluso personas más trabajadas y espirituales se pueden equivocar, pues intervienen varios factores, entre ellos, el pago de karma.

Cuando encuentras a una persona con características que te agradan, no significa necesariamente que sea un alma importante como tu flama o alma consorte, aunque en ese instante así lo creas.

Simplemente puede ser un espejismo, es decir, un alma espejo disfrazada de alma gemela o algo más.

Los seres humanos tienen la concepción errónea e idealista de que, mientras más desarrolladas o evolucionadas estén, menos relaciones o situaciones desagradables experimentarán. Nada más lejos de la verdad, con que más alta sea la vibración, más duras serán las pruebas; sin embargo, la capacidad de salir con rapidez y sabiduría es más factible, a diferencia de cualquier persona común, que pasaría años y tal vez una vida entera para superarlo.

Por otro lado hay mucha gente que tiene miedo a experimentar el amor de pareja por temor a equivocarse. Con esto, lo único que están haciendo es perder la oportunidad de encontrar realmente un alma importante. Para hallar al príncipe hay que besar varios sapos.

El sexo

El sexo puede ser una trampa engañosa para los seres humanos. Muchas veces confundimos la atracción sexual con el encuentro de un alma importante.

Cuando tenemos que pagar un karma o aprender una lección con otra persona, el universo nos pone pruebas atractivas para acercarnos a ella, de otra forma, no lo haríamos; esto puede ser la atracción sexual o química, ya que nunca surgiría el amor si alguien no fuera atractivo.

Si tenemos buenas relaciones sexuales con esa persona, no debemos confundirla con un alma gemela.

Cuando iniciamos una relación tenemos varios meses de pasión. Física y químicamente, el cuerpo no aguantaría mucho tiempo si esta situación se prolongara, ya que ocurren muchas cosas, entre ellas el alto índice de dopamina en el cerebro, que crea sentimientos de euforia y de júbilo mientras dura el enamoramiento.

Durante estos meses, si no se fortalece la relación, la pasión se termina junto con ella. En caso contrario, será la base para una relación más duradera, que no necesariamente significa armoniosa y feliz.

También las preferencias físicas nos pueden encasillar, aunque éstas se deben a apegos de encarnaciones pasadas.

Generalmente reaccionamos de manera diferente a ciertos estímulos y formas. Se cree que esto se debe a que lo traemos en el ADN: atracción a caderas, pechos, espaldas anchas, brazos, músculos, etcétera. Esto tiene que ver con la evolución del individuo; cuanto más nos manejamos en los chakras inferiores, más primitivos somos, dado que nuestras atracciones son más corporales.

Cuando nos movemos en los chakras altos, desaparecen la forma, el contenido y los esquemas, y predomina la energía. Es aquí cuando dos almas se atraen, sin importar la edad, la condición social o económica o la forma física. Se ha alcanzado la madurez.

Antes de la separación de nuestra otra mitad cuando éramos andróginos, no habíamos experimentado nunca el éxtasis sexual, ya que no lo necesitábamos; vivíamos en frecuencias más altas, nos sentíamos completos.

El tantra, entre muchas otras cosas, es el aprendizaje del manejo de energía sexual para llegar a estados alterados de conciencia. Fue diseñado para tener una conciencia sexual. Después de la separación, la sexualidad se convirtió en un elemento para buscar la intimidad y tratar de poseer a nuestra pareja. El sexo sirve para ponernos en contacto más cercano con la deidad porque cuando nos involucramos con otro ser humano, nos acercamos más a la divinidad al experimentar el amor. Por tanto, la experiencia sexual se convierte en un gozo.

La tarea de cada ser humano es encontrar su alma consorte pero eso sólo ocurrirá cuando cada uno se encuentre totalmente a sí mismo. Uno solo puede reconocer a su alma consorte, reconociéndose. El alma consorte es, pues, la reflexión de uno mismo.

Mientras más nos sumerjamos en el conocimiento y la información, más nos alejaremos de nuestro propósito espiritual.

Muchas veces fallamos, ya que nos encandila la sexualidad y el aspecto físico y renunciamos a nuestros orígenes divinos. Esto ha causado en la humanidad gran frustración y desolación. Los hombres y las mujeres se han dejado llevar únicamente por el físico, dejando a un lado la importancia del gozo espiritual, y buscarlo es nuestro deber moral.

El espíritu y la materia se mueven como uno, bailan juntos, no hay división, y donde hay baile, hay belleza y felicidad.

Religión

Las religiones también pueden ser un gran obstáculo para el encuentro de las almas. Nos han hecho creer durante siglos que si nuestra pareja no pertenece a la misma religión, tendrá que convertirse a la nuestra o renunciar a la suya.

La religión es muy diferente a la espiritualidad, y los humanos generalmente se confunden y creen que es lo mismo. La religión tiene que ver con las creencias y los dogmas heredados de nuestros antepasados y muchas veces tienen poco en común con nosotros.

La espiritualidad es la raíz de donde se derivan las religiones. Antes de ser humanos, somos seres espirituales y, generalmente, creemos que el cuerpo físico es nuestro único cuerpo; desconocemos que tenemos más de 60 cuerpos energéticos. En cada uno se guarda diferente información de nuestra historia como humanos, ya que la energía es información.

Dentro de estos cuerpos tenemos uno que es el archivo de todas las encarnaciones que hemos experimentado y, por supuesto, hemos pertenecido a diferentes religiones.

Por tanto, renunciar a un alma importante sólo porque pertenezca a otra religión o tenga otras creencias es absurdo. El alma es infinita y está fuera de los cánones sociales, civiles y de edad cronológica.

Matrimonio

Existen personas que dicen de sus parejas: «Estoy aquí porque tengo que pagar mi karma». Nada más lejos de la realidad: están ahí porque tienen miedo, por solvencia económica, por no estar solos o por una cantidad enorme de pretextos.

Cuando uno toma conciencia del karma que tiene con alguien es el primer paso para resolverlo. Hay varias técnica para hacerlo, entre ellas la de romper lazos.

Poner pretextos o engañarnos no resolverá el karma, y si estamos viviendo una unión desagradable y encontramos a un alma gemela, perderemos la oportunidad de ser felices. Pero antes de relacionarnos con una nueva persona, debemos solucionar y acabar con nuestra pareja anterior.

Siempre es sano cerrar ciclos para no arrastrar patrones y conductas desagradables en la siguiente relación; esto resulta fundamental.

Poner una balanza para decidir quién nos hace más felices es una buena idea para tomar decisiones.

El árbol del amor tiene muchas ramas y ningún amor va a ser igual a otro por la simple y sencilla razón de que hemos vivido muchas vidas con una gran diversidad de almas, las cuales nos han enseñado cosas distintas. Dejarnos influenciar por la sociedad o la conciencia colectiva a la hora de escoger nuestra pareja sólo demuestra el poco estado evolutivo en que nos encontramos.

Desde pequeños nos enseñan que tenemos que ser inteligentes a la hora de elegir compañero.

¿Dónde está nuestra conciencia? ¿Qué nos dará la felicidad: la conciencia o la inteligencia?

El ego es la fábrica de pensamientos; mientras más analicemos una relación, más suprimiremos la intuición, la cual es la brújula del alma.

La mayoría de las veces esperamos que «alguien» nos haga felices y existe un gran vacío dentro de nosotros, ya que nadie nos puede dar lo que no se tiene: para que nos hagan felices, ya tenemos que serlo.

Mientras más experiencias viva una persona, más rápida será su evolución. Incluso los neurobiólogos afirman que las experiencias nuevas y diferentes abren redes neuronales en nuestro cerebro. La gente que vive vidas planas y rutinarias difícilmente avanza a nivel espiritual, a menos que su evolución sea elevada, y si ése es el caso, dedicará su vida al servicio de la humanidad.

Con el solo hecho de vibrar alto, estamos equilibrando la negatividad de la conciencia colectiva.

Libre albedrío

Cuando escucho la famosa expresión «libre albedrío», (ahora tan de moda en los conceptos espirituales), siempre me hago la misma pregunta: ¿cuánto usamos el libre albedrío en nuestra vida?

El cerebro recibe una cantidad ingente de información en un día y, junto con esto, pensamos a tanta velocidad que la mayoría de las decisiones que tomamos son a nivel inconsciente y unas pocas por intuición.

Si fueran por intuición serían acertadas, pues a la hora de tomar decisiones, las sensaciones y los sentimientos son los que nos guían para tomar la que es correcta en vez de escuchar a nuestra mente.

Por desgracia, hemos convertido a nuestro subconsciente en una caja de Pandora, donde hemos guardado toda nuestra basura emocional que no hemos resuelto. A esto Jung lo llamaba la sombra.

Los parásitos psíquicos que conforman la sombra son cuestiones sin resolver que funcionan como imanes, atrayendo a nuestra vida toda una serie de calamidades, complicando nuestra existencia y formando nuestro destino. La sombra es un impedimento inconsciente que hace fracasar nuestras mejores intenciones. Podemos reescribir nuestro futuro, mas si continuamos con la misma pauta de comportamiento, seguiremos repitiendo una y otra vez lo mismo y atrayendo al mismo tipo de personas.

En mi libro *Rompiendo lazos* doy una técnica muy eficaz para limpiar el subconsciente.

Según Jung, al elegir en cada momento el presente, al poner la consciencia en algo, descartamos otras realidades, haciendo tangible uno de los múltiples mundos posibles.

Somos nosotros mismos los que creamos nuestro futuro con las elecciones que tomamos aquí y ahora.

En el momento en que nuestro pensamiento se centra en una nueva idea, surge el chispazo que libera nuevos acontecimientos para convertirla en realidad.

Lo malo es que la mayor parte del tiempo la elección se produce a nivel semiinconsciente. Las masas son deterministas, por tanto, no usan el libre albedrío.

Esto también se debe a que creemos que la única realidad posible es el presente. Creamos lo que creemos, depende de lo que mora en nuestro subconsciente.

Tenemos un cuerpo que se llama «doble etérico», una capa energética que cubre el cuerpo físico y cuya función es como una planta eléctrica que alimenta al sistema nervioso central, es decir, a todo lo que necesita electricidad en nuestro cuerpo.

Este cuerpo tiene que estar muy bien hidratado para que la energía circule y no se adelgace, ya que mide de 2 a 5 cm y vibra de 15-20 ciclos por minuto.

Es el cuerpo vital que sostiene al cuerpo físico un minuto tras otro.

Si se adelgaza, lo cual es común, ya que la mayoría de las personas llevan una vida sedentaria, es probable que se agujere como un queso gruyère, y esto ocasionará una gran pérdida de energía vital, haciendo que el individuo se sienta siempre cansado.

Los pensamientos conscientes nacen en el cerebro, que es alimentado por el sistema nervioso y éste, a su vez, por el «doble etérico». Para convertir en realidad lo que queremos, necesitamos poner en marcha un pensamiento con la cantidad necesaria de energía, o sea, con mucha potencia para que se materialice.

Según la física cuántica, todo lo que deseamos ya está contenido como onda de probabilidad en el «quantum», sólo espera el impulso adecuado para manifestarse.

Cuando meditamos, anulamos la «mente de mono», o sea, los pensamientos continuos, y permitimos al sistema nervioso que tome el control.

Si al meditar nos conectamos conscientemente con esa gran red llamada también tao, TODO o inconsciente colectivo, que también es uno de nuestros cuerpos (el cuerpo de red) atraerá automáticamente lo que deseemos, pues la colaboración entre nuestro consciente y el TODO es nuestro destino.

Generamos la realidad cuya semilla vive en nuestra conciencia.

¿Cuánto usamos nuestro libre albedrío?

TABLA DE LOS TIPOS DE ALMAS

TIPO DE ALMA	NÚMERO	EJEMPLO	CARACTE-RÍSTICAS
Alma espejo	Ilimitado	Cualquier persona en cualquier lugar y circunstancia	Persona que te refleja como un espejo algún aspecto negativo o positivo.
Alma familiar	Ilimitado	Padres Parejas Hijos Parientes o familiares políticos	Establecemos un contrato antes de encarnarnos. Pertenecen a otra familia de almas o subgrupos. Compartimos lecciones.
Alma divina	Ilimitado	Guía o maestro; sacerdote o gurú. Persona especial que impacta en tu vida	Impacta en tu vida. Te hace cambiar de rumbo. Permanece un tiempo o tal vez nunca lo vuelves a ver.
Alma compañera	144	Amigos Socios Pareja Familiares	Son tu familia de almas hasta completar el ciclo de reencarnaciones. Dentro de este género hay un grupo íntimo.

TIPO DE ALMA	NÚMERO	EJEMPLO	CARACTE-RÍSTICAS
Alma gemela	12	Pareja Hijos Amigos muy cercanos	Frecuencia vibratoria muy parecida a la tuya. Puede haber encuentros románticos. Armonía y gozo en la relación.
Alma flama	7	Pareja Amante	Lazo de amor en el chakra del corazón. Gran amor y devoción. Han trabajado durante mucho tiempo o vidas juntos. Pueden tener karma negativo por limpiar.
Alma consorte	1	El consorte	Tu otra mitad. Unidos por todos los chakras con lazos de amor. Tienen la misma misión. Te puede ayudar a ascender o a iluminarte.

ALMAS ESPEJO

Cómo se presentan
Puede ser cualquier persona en cualquier lugar. Hay muchas almas de este tipo, que un individuo se puede encontrar en una misma encarnación.

Qué vienen a mostrar o enseñar
Estas almas sirven de espejo. Le muestran al individuo una parte negativa para que se pueda resolver, o bien una parte positiva.

Qué efectos tienen en la vida de una persona
Son almas muy importantes, pues por medio de la confrontación se resuelven aspectos o emociones en la vida. También le muestran al individuo sus partes bellas, que muchas veces no puede reconocer por sí mismo.

Qué relación afectiva se puede tener
Puede que no exista ninguna relación afectiva. Sin embargo, también puede ser un hijo, un hermano o algún pariente cercano, y muchas veces la pareja.

Qué tipo de lazo tienen
Tienen lazos kármicos, es decir, vienen para que la persona resuelva algo que le quedó pendiente en una encarnación anterior.

Cómo se pueden reconocer
Puede ser desde una persona que se sienta a tu lado en un consultorio hasta una pareja. Se reconocen porque su misión es mostrar lo que no nos gusta, nos exaspera o nos molesta. Sin embargo, también muestran lo bello. Por ejemplo, cuando uno ve una persona con mucha dulzura,

es el momento de darse cuenta de que uno también puede ser dulce.

ALMAS FAMILIARES

Cómo se presentan
Es cualquier persona de la familia terrestre, la pareja, un pariente político, hijos, hermanos, abuelos.

Qué vienen a mostrar o enseñar
Aprendizaje. Con estos seres establecemos un contrato antes de encarnarnos. Nos vienen a enseñar a través de experiencias fuertes.

Qué efectos tienen en la vida de una persona
Se trata de un encuentro especial que va a alterar mucho nuestra vida. Puede ser positivo o negativo, depende de lo que se venga a aprender. Generalmente pertenecen a otra familia de almas.

Qué relación afectiva se puede tener
Son almas muy queridas con las que nos ayudamos mutuamente a avanzar.

Qué tipo de lazo tienen
Tienen lazos kármicos, es decir, nos ayudamos a saldar, aprender o avanzar.

Cómo se pueden reconocer
Puede ser desde un hijo con síndrome de Down, un hermano con esquizofrenia, un marido enfermo, un bipolar, etcétera. Aunque no tienen por qué estar enfermos. Son todas las personas que pertenecen a una familia terrestre.

ALMAS DIVINAS

Cómo se presentan
Puede ser cualquier persona que se presenta en momentos específicos de la vida, cuando un individuo necesita moverse en otra dirección o dar un paso adelante para su evolución.

Qué vienen a mostrar o enseñar
Llevan a las persona hacia sus partes mas profundas para reflexionar acerca de las situaciones de la vida.

Qué efectos tienen en la vida de una persona
Muchas veces no es muy placentero tener contactos con estas almas, pues su objetivo es romper paradigmas y provocar un despertar. Los efectos a largo plazo son positivos.

Qué relación afectiva se puede tener
Puede que no exista ninguna relación afectiva entre una persona y su alma divina. Son personas que se presentan de manera breve y quizás no se vuelvan a ver en esta vida. Pero también puede que sea un maestro que permanezca cercano durante varios años.

Qué tipo de lazo tienen
No tienen lazos, simplemente son un regalo de los guías que están en otras dimensiones precisamente para que el individuo se mueva hacia delante.

Cómo se pueden reconocer
Es un tipo de relación que llega de improviso y que causa gran impresión en la vida de un individuo. Puede ser desde un conferenciante, un sacerdote, maestro o gurú; cualquier persona que confronte fuertemente. También pueden ser maestros o guías de otra dimensión.

ALMAS COMPAÑERAS

Cómo se presentan
Se trata de una conexión o unidad de servidores. Es la familia de 144 almas de cada individuo.

Qué vienen a mostrar o enseñar
Este grupo de almas lleva a nuestro lado muchos ciclos de encarnaciones. Van juntas hasta que el individuo pase a otra dimensión y sólo así dejarán de ser familia de almas, de tal forma que las almas compañeras sirven para el trabajo o misión a lo largo de una vida.

Qué efectos tiene en la vida de una persona
Son almas que vienen a apoyar en la misión y así trabajar juntas en alguna causa.

Qué relación afectiva se puede tener
Pueden ser solamente compañeros de trabajo, pareja, amigos o cualquier relación donde exista mucha solidaridad.

Qué tipo de lazo tienen
Es muy probable que tengan lazos kármicos para cumplir una misión o causa específica.

Cómo se pueden reconocer
Puede presentarse como un socio o un amigo cercano. Alguien que está en el momento adecuado para que una persona pueda lograr sus fines.

ALMAS GEMELAS

Cómo se presentan
Puede ser cualquier persona con la que se siente gran afinidad y da la sensación de que se conoce desde siempre.

Qué vienen a mostrar o enseñar
Vienen a mostrar el gozo, la alegría, la complicidad. Se trata de relaciones muy compatibles.

Qué efectos tienen en la vida de una persona
Estar cerca de estas almas es como un soplo de aire fresco en mitad de un arduo camino. Su objetivo es brindar alegría y felicidad.

Qué relación afectiva se puede tener
Puede ser desde un miembro de la familia terrestre si se es muy afortunado, la pareja o alguna amistad. No son relaciones conflictivas.

Qué tipo de lazo tienen
No tienen lazos, sólo vienen a compartir la armonía, la alegría y el gozo.

Cómo se pueden reconocer
Puede ser desde un amigo del pasado que cuando se vuelve a ver se siente como si nunca hubiera existido una separación. La pareja perfecta con la cual nunca se tienen conflictos o cualquier persona muy afín con la que se puede compartir muchas cosas.

ALMAS FLAMA

Cómo se presentan
Uno de los lazos más fuertes de amor que se pueda encontrar. Es un alma con la que se ha estado trabajando hace eones, es decir, un largo período de tiempo.

Qué vienen a mostrar o enseñar
El amor en toda su magnitud. Pueden asistir a un individuo en su iluminación.

Qué efectos tienen en la vida de una persona
La relación con estas almas es un ejemplo de amor para los humanos. Juntos se mueven más allá de la sexualidad humana y se siente devoción al trabajar juntos a través de los ciclos de encarnaciones.

Qué relación afectiva se puede tener
Relación romántica.

Qué tipo de lazo tienen
Tienen lazos de amor que están conectados por el chakra del corazón por siempre. Cuando nos separaron de nuestra alma consorte, la primera relación que tuvimos con otras almas fueron las almas flama, ya que sólo creábamos y experimentábamos el amor.

Cómo se pueden reconocer
Desde el primer encuentro, el individuo experimentará una atracción muy fuerte, donde se puede establecer una relación de pareja.

ALMA CONSORTE

Cómo se presentan
Como tu pareja perfecta.

Qué vienen a mostrar o enseñar
La unidad. Es la otra mitad de uno mismo. Se trata de una experiencia abrumadora. La misión de las dos almas es una y la misma.

Qué efectos tienen en la vida de una persona
Tener contacto con un alma de este tipo puede acelerar la evolución y al unirse, se puede lograr ascender hacia otra dimensión. Tanto los errores como los avances, van a afectar a ambos.

Qué relación afectiva se puede tener
Amor incondicional. Se trata del consorte. Llegan para conquistar la densidad y regresar como amor, una entidad, ya que cuando pasen a la 7.ª dimensión se volverán andróginos.

Qué tipo de lazo tienen
Están unidos por lazos de amor en todos los chakras. Por eso se dice que lo que Dios ha unido el hombre no lo puede separar.

Cómo se pueden reconocer
Es una gran alegría encontrar a uno de estos seres. Se trata de un inmenso regalo estar cerca de nuestra otra mitad; se trata, por supuesto, de una relación divina.

Capítulo 9

Conclusión

Inicialmente, mi plan para concluir este libro era proporcionar una técnica por medio de la meditación para que cada uno de nosotros pudiéramos atraer a nuestra alma consorte, y, en caso de que no estuviera encarnada, a un alma gemela o flama.

La idea era mostrar un camino para romper ese patrón de sólo relacionarnos con almas espejo, subir un escalón en nuestra evolución y vivir relaciones más sanas donde experimentáramos más gozo que dolor.

Mientras escribía el libro, estaba viviendo una relación amorosa, que, al principio, confundí con un alma espejo, es decir, las personas que nos vienen a mostrar partes de nosotros que no hemos resuelto. Ahora que ya ha transcurrido el tiempo y lo puedo ver a distancia de forma más objetiva, me doy cuenta de que era un alma más importante: un alma flama. Es la segunda que reencuentro en mi vida, con la diferencia de que este ser me trajo mucho dolor, lo que rompió mis creencias de que, si existen lazos

de amor, la relación no puede ser dolorosa. ¡Qué equivocada estaba!

Tuve que permanecer en un retiro absoluto y en mucha
introspección para deshebrar todo lo que esta experiencia
tan destacada me estaba enseñando acerca de las relaciones humanas y, más importante, acerca de las misteriosas
relaciones del alma tan desconocidas para todos, pues nunca nadie nos ha enseñado que la vida es un juego y menos
aún a jugarlo adecuadamente.

Tiempo después empecé a experimentar diferentes técnicas para atraer a esa «persona especial»; incluso pedí a
mis conocidos que si conocían alguna fórmula me la hicie-
ran saber. Pasé por las velas rosas del amor, los cuarzos
rosas, los decretos, la lista específica de cómo lo quieres,
etcétera. Después de practicar diferentes métodos, mi
saber interno me decía que no estaba en el camino adecuado; todo esto era muy superficial, tenía que adentrar-
me más.

Me puse a investigar cómo funciona el cerebro y me di
cuenta de que las neuronas son parte del sistema nervioso;
tal vez obvio para muchos, más no para mí. Al conectar el
sistema nervioso con las neuronas y el cerebro, recordé
inmediatamente el tubo de cristal o eje central que va a lo
largo de la columna vertebral y que tantas veces he visto en
las curaciones que hago.

Lo que siempre me ha llamado la atención ha sido que
en la gran mayoría de las personas veo este tubo de las
dimensiones de un lápiz y, frecuentemente, lo encuentro
roto, sobre todo en los países en donde ha habido guerras.

Después de un largo proceso de investigación y observa-
ción, llegué a la conclusión de que este tubo debía de ser
tan ancho como nuestra espalda. Es el que nos conecta con
nuestra mónada, que es el receptáculo de toda la información referente a nuestra alma, pasado, presente y futuro.

Los chakras están conectados o enchufados a este tubo y, de esta manera, alimentan de energía a todos los cuerpos energéticos que tenemos.

Recordemos que la médula espinal va a lo largo de la columna vertebral y que es la que transmite la comunicación entre el cuerpo y el cerebro. Podríamos decir que es la parte física del tubo de cristal o eje central.

Esto en cuanto al cuerpo físico, pero si vamos al siguiente cuerpo que tenemos, llamado «doble etérico», veremos que es nuestra planta eléctrica. Gracias a él, el corazón late y las neuronas trabajan; en pocas palabras, es el que alimenta al sistema nervioso central.

Este cuerpo es visible para el hombre; si nos detenemos en una pared blanca, inmediatamente va a destacar un halo de energía a nuestro alrededor de unos 2 cm, el doble etérico.

Por desgracia, la mayoría de los humanos tiene este cuerpo agujerado como si fuera un queso gruyère, consecuencia de la deshidratación, ya que no tomamos la suficiente agua y esto hace que el doble etérico se vaya adelgazando hasta quedar una capa energética muy fina, que, con el estrés, las emociones o las impresiones fuertes, se perfora.

Por otro lado, el agua es conductora e hidrata; nuestro cuerpo físico tiene que estar bien hidratado, pues la energía de los demás cuerpos necesita circular, ya que de otra manera se estanca, justamente lo que llamamos enfermedad.

Regresemos al cerebro; cuando pensamos, éste genera fotones por medio del tálamo y activa el sistema nervioso. Para hacer realidad algo o manifestarlo, se necesita cierta cantidad de energía o fotones para activar el sistema nervioso.

Es como lo que vemos en un cómic, el individuo está pensando tanto que sale un chispazo de su cabeza (fotones) y aparece su deseo.

Es muy importante implicar al corazón (emociones) en este proceso, pues es lo que va a dar la máxima fuerza y energía para activar la materialización.

Quise explicar todo este proceso físico-energético para que nos demos cuenta de que manifestar o materializar algo no es tan sencillo como nos han hecho creer.

Muchas veces nos sentimos frustrados porque nuestros deseos no se cumplen o tardan años en hacerlo.

La mayoría de la gente no sabe nada de fisiología y menos aún de nuestros cuerpos energéticos, ya que la conciencia humana sólo puede interpretar la tercera dimensión, una franja muy estrecha de la creación. Por eso mismo, el hombre sólo ha activado el 10 % de la capacidad del cerebro. Con el porcentaje restante podríamos percibir otras dimensiones.

Por otro lado, si nuestro eje central o tubo de cristal fuera tan ancho como nosotros, con toda esa energía a nuestra disposición podríamos hacer «milagros». Sería como una cuenta bancaria ilimitada. Lo ancho de nuestro tubo va íntimamente ligado a la percepción de nuestro cerebro.

Recomendaciones

Jung solía decir que cada uno de nosotros podemos reescribir nuestro futuro. Sin embargo, tenemos que aprender a jugar el juego de la vida, creamos lo que creemos, y esto depende de lo que habite en nuestro subconsciente.

La mayoría de nuestras relaciones están basadas en nuestras carencias; nuestra alma está fraccionada, gran parte de nuestra energía está dispersa en objetos, relaciones, lugares, emociones no resueltas, etcétera. Siempre pensamos que nuestra pareja, hijos o amigos nos van a llenar ese vacío y al final quedamos postrados de frustración y amargura al darnos cuenta de que la vida no funciona así; mientras existan carencias dentro de nosotros no podremos experimentar la unidad. Ésta es una invitación a que limpiemos nuestro cuerpo emocional.

Por otro lado, es imperativo mantener el cuerpo físico hidratado para que nuestra planta eléctrica (doble etérico) active el sistema nervioso y podamos manifestar nuestros deseos.

Mi maestro siempre me ha dicho que los seres humanos nos movemos por el tiempo y el espacio a través de un gran río energético que él le llama: «río del bienestar o bienaventuranza», donde todo está dado, es decir, todos nuestros deseos o necesidades ya existen. Los físicos cuánticos le llaman orden implicado, Jung lo llamaba inconsciente colectivo, los budistas lo llaman Dharma y muchos otros cosmos (orden).

Lo único que tenemos que hacer es fluir, literalmente, por este gran río como si fuéramos peces.

Técnica para llamar al tipo de alma que desees

Cuando estaba a punto de terminar este libro llegué a la conclusión de que no había técnicas, ritos o meditaciones capaces de atraer a un alma importante a nuestra vida.

En eso estaba cuando me llamó un buen amigo al que, al igual que a mí, le gusta mucho experimentar. Acababa de leer en una novela una forma de petición; conforme me lo iba describiendo, mi saber interno inmediatamente me señaló que ésa era la fórmula que estaba buscando.

Así que propongo este tipo de meditación a todos aquellos que deseen encontrar algún tipo de alma en su vida.

Trata de ponerte lo más cómodo posible y respirar profundamente para que puedas relajarte y entrar en el nivel
alpha. Éste es un estado muy relajado, pero consciente llamado también «estado de meditación».

Lo importante de entrar en este estado es que tienes
acceso inmediato a tu subconsciente y éste es semejante al
genio de la lámpara de Aladino, es decir, cumplirá tus
deseos.

Cuando ya te encuentres relajado, toma papel y lápiz y
escribe una carta dirigida a Dios, tu presencia divina, tu Yo
Soy o como llames a la divinidad, y pídele del modo más
conciso y preciso el tipo de pareja, amistad o relación que
desees y «siempre» en tiempo presente porque el subconsciente no entiende si le hablas en pasado o futuro. Él vive
en el «ahora».

Escribe todo lo que sientas y necesites, y cuando termi-
nes, fírmala con tu nombre completo.

Ahora viene lo más importante: invita a todas tus alianzas terrenales y espirituales para que también vengan a firmar la carta y te den su apoyo y fuerza. Te vas a sorpren-
der, porque tal vez algunos parientes o amigos no se
presentarán a firmar. No te preocupes, fluye, todo está
bien. Recuerda que muchas veces nuestras personas más
próximas no están listas para aceptar que tenemos que
hacer nuestra vida o que nos podemos alejar.

Después invita a todas tus alianzas espirituales (ángel
guardián, guías, maestros, santos etcétera). Una vez más te
sorprenderás, pues te darás cuenta de la cantidad de seres
que nos rodean y apoyan.

A mí, en lo personal, me sorprendió, porque de las parejas que he tenido, el único que vino a firmar fue con el que
más feliz he sido, y muy pocos de mis amigos vinieron. En

cuanto a las alianzas espirituales, yo desde muy pequeña he mandado a muchos fantasmas a la luz y, para mi grata sorpresa, todos vinieron a apoyarme: ¡eran cientos!

Cuando este proceso haya terminado, agradece a todos los seres que te hayan apoyado con la convicción de que ya está hecho y guarda la carta. Cuando se haya cumplido tu petición, vuelve a dar las gracias y quémala.

Esta carta es válida para cualquier petición, siguiendo los pasos anteriores.

Lo que debemos recordar siempre

El hecho de saber que formamos parte de una familia de almas nos sirve para reconocer el papel que cada persona desempeña a nuestro alrededor.

Será fácil identificar a las almas espejo, con las cuales tratamos a diario y que nos enseñan partes de nosotros mismos que de otra forma sería muy difícil y casi imposible advertir.

Cuando nos volvemos intolerantes con alguna persona de nuestra familia, comprendemos que es un alma familiar con la cual traemos un contrato para resolver, perdonar o aprender algo que dejamos inconcluso. Tal vez después de leer esta información seamos menos duros a la hora de juzgarlos.

Reconoceremos a aquel maestro de primaria o al sacerdote cuando con un consejo nos hizo ver la solución al conflicto que llevábamos tiempo pensando, sin entender por qué. Estas personas son parte de las almas divinas y aparecen como regalos en nuestra vida justo en el momento en que las necesitamos.

Muchas veces confundimos con suerte estar en el momento y el lugar adecuados para que alguien nos ayude o tener al socio ideal. Estos seres son nuestras almas compañeras y precisamente vienen a eso, a ayudarnos, a acompañarnos y a hacernos nuestro viaje por la Tierra más llevadero.

También será mas sencillo explicarnos por qué en lugar de atraer como pareja sentimental a nuestra alma consorte generalmente atraemos a almas espejo.

Me llevó tiempo comprender por qué la mayoría de la gente no tiene como pareja a su alma consorte, es decir, a su media naranja. En lugar de eso estamos relacionados con almas menos afines a nosotros.

Cuando se llevó a cabo la separación de hombre y mujer, por primera vez sentimos miedo, dolor, abandono; fuimos cayendo en conciencia, bajando nuestras frecuencias vibratorias y fue aquí cuando nos relacionamos con las almas flama, creando un lazo de amor de corazón a corazón.

Al continuar con nuestro viaje terrestre, fuimos usando nuestra energía para crear ataduras, y en cada encarnación nos fragmentamos cada vez más, hasta que las almas gemelas quedaron como nuestra opción más elevada de pareja. Y creíamos que esto era lo mas alto a lo que podíamos aspirar.

Hasta llegar al día de hoy, en el que la mayoría se relaciona sentimentalmente con almas espejo, viviendo frustrados, lastimados y pensando que el amor es así. Viendo a nuestra pareja perfecta como un sueño imposible de alcanzar. Pensando que eso sólo pasa en las películas o novelas. Nos relacionamos a partir de nuestras carencias sin darnos cuenta de que con que más completos y más unificados estemos con nuestra propia energía, más fácil será que encontremos o atraigamos a nuestra otra mitad: nuestra alma consorte.

Mientras esto sucede, tomemos conciencia de que la vida es más misteriosa y profunda de lo que creemos. El cosmos es perfecto y elegante, nada es fruto del azar.

Después de todo, pase lo que pase, la vida es una experiencia maravillosa. Juguemos a ser felices.

BIBLIOGRAFÍA

FRITJOF CAPRA, *El Tao de la Física*. Editorial Sirio, España 2002.

JOAQUIN DE SAINT-AYMOUR, *El efecto mariposa*. Ediciones Obelisco, España 2007.

COL. JAMES CHURCHWARD, *El continente perdido de Mu*. Grupo Editorial Tomo, Mexico 2001.

—, *Los hijos de Mu*. Grupo Editorial Tomo, México 2001.

MICHAEL NEWTON, *Destiny of Souls*. Llewellyn Publications, EE.UU. 2004.

—, *Journey of Souls*. Llewellyn Publications, EE.UU. 2004.

ÍNDICE

Prólogo 9

Nota del autor 13

Introducción 15

CAPÍTULO 1. Almas compañeras 19
Nuestra familia de almas 19
Ejemplos de almas compañeras 21
Nicanor y Romelia 23
Subgrupos de almas 24
Cómo reconocer a un alma compañera 25
PAREJAS FAMOSAS:
    Pierre Curie y Marie Sklodowska 27
    Dalí y Gala 27

CAPÍTULO 2. Alma espejo 29
El reflejo de ti mismo 29
La abuela Clara 32
Una vida pasada 33
Cuándo se presentan 35
Jorge 35
De dónde vienen los conflictos 37
El karma 38
Vampiros energéticos 39

Parejas famosas:

    príncipe Carlos y Diana Spencer   41

    Diego Rivera y Frida Kahlo.   42

Capítulo 3. Almas gemelas   45

El fantasma vestido de novia   45

El término almas gemelas   46

Círculo interior y subgrupo de almas.   47

Encuentro con un alma gemela   51

Parejas famosas: John Lennon y Yoko Ono   53

    Jean Paul Sartre y Simone de Beavoir   54

Capítulo 4. Alma divina   57

Cómo llegan las almas a la Tierra   57

Varios mensajes   59

Amma: alma divina   61

Giro en nuestras vidas   64

Maestros ascendidos.   65

Almas divinas famosas   67

Los Beatles y Maharishi Mahesh Yogui.   67

Todos podemos ser almas divinas   68

Capítulo 5. Almas familiares   69

Los contratos kármicos.   69

Liberación de emociones   70

Niña cristal.   73

Cómo se presentan las almas familiares.   76

Parejas famosas: Albert Einstein y Mileva Mari'c .   78

John F. Kennedy y Jacqueline Bouvier   79

Capítulo 6. Alma consorte   81

Cuando éramos andróginos.   81

El origen.   82

Lemuria o Mu   84

Cataclismos   86
La Atlántida   87
Alma consorte: nuestra otra mitad.   89
PAREJA FAMOSA: Abelardo y Eloísa   91
Señales que deben reconocerse   94
Cuerpo de red   97

CAPÍTULO 7. Alma flama   101
Diversos tipos de amor.   101
Descripción de Alma Flama   103
PAREJAS FAMOSAS:
      Richard Burton y Elizabeth Taylor   106
      Aristóteles Onassis y Maria Callas.   107

CAPÍTULO 8. Trampas y respuestas   109
El sexo   110
Religión   112
Matrimonio   113
Libre albedrío.   114
TABLA DE LOS TIPOS DE ALMA.   117
ALMAS ESPEJO   119
ALMAS FAMILIARES   120
ALMAS DIVINAS   121
ALMAS COMPAÑERAS   122
ALMAS GEMELAS.   123
ALMAS FLAMA   124
ALMA CONSORTE   125

CAPÍTULO 9. Conclusión   127
Recomendaciones   130
Técnica para llamar al tipo de alma que desees . . .   131
Lo que debemos recordar siempre.   133

Bibliografía   137